Georg Naundorfer
Sächsischer Kaffee

AF288348

Dieses Buch enthält eine kleine satirische Geschichtensammlung zur Benutzeroberfläche Deutschland. Sie ist gegen das Vergessen derer gedacht, die nach der Wende an das Ganze angeflickt wurden.

Diese sehr deutschen Märchen, Fehlinszenierungen, Lächerlichkeiten, Grotesken und Blähungen der Tagespolitik fallen uns im Alltagsgeschehen oft gar nicht mehr auf, weil wir inzwischen an sie gewöhnt wurden oder sie sogar ganz selbstverständlich mitspielen.

Falls Sie wissen wollen, wie viel Raffinesse, Fleiß und Geisteskraft erforderlich sind, um wirklich großen Blödsinn auszuhecken, ihn dann zu verzapfen und auch noch so zu verkaufen, dass Sie stolz darauf sein können, dann erfahren Sie es hier.

GEORG NAUNDORFER

Sächsischer Kaffee

Kleine-Leute-Geschichten

Satirische Nostalgien

Bibliografische Information der Deutschen Nationalbibliothek:
Die Deutsche Nationalbibliothek verzeichnet diese Publikation in
der Deutschen Nationalbibliografie; detaillierte bibliografische
Daten sind im Internet über http://dnb.d-nb.de abrufbar.

© 2014 Georg Naundorfer
Herstellung und Verlag: Books on Demand GmbH, Norderstedt

ISBN 978-3-8370-9192-2

INHALTSVERZEICHNIS

Sächsischer Kaffee

(Ein historisches Rezept)

Wenn ich mir ein Buch vornehme um es in aller Gemütlichkeit zu lesen, dann koche ich mir vorher meist eine Tasse Kaffee, einen richtig guten Kaffee, und zwar aus solchem, wie er jahrelang mit den sogenannten „Westpäckchen" die Zonengrenze von West nach Ost seinen Weg Bohne für Bohne zu uns „Kaffeesachsen" genommen hat.

Als Ossi und Sachse empfehle ich Ihnen das auch, denn Kaffee wirkt immer geistig anregend. Für die Zubereitung müssen Sie aber unbedingt das sächsische Rezept für den berühmten „Langen Kaffee" verwenden, der, wie Sie gleich merken werden, selbst unter heutigen Bedingungen äußerst preiswert und noch viel besser als der „Blümchenkaffee" ist. Sie werden jetzt sagen, dass man Kaffee aufbrüht oder filtert. Das mag schon stimmen, aber in Sachsen wird der Kaffee gekocht, ganz egal, wie man das anstellt.

In Sachsen gibt es außer dem „Langen Kaffee", der aus der richtigen Kaffeebohne erzeugt wird, auch noch andere Kaffeezubereitungen, beispielsweise die „Spitzbohne". Das ist ein aus gerösteter und gemahlener Gerste zubereitetes Getränk. Außerdem gibt es noch „Zichorien-Kaffee", der aus dem Sud der Wegwarte hergestellt wird.

Den kannte meine Großmutter noch und bereitete ihn auch zu. Wegwarte als Kraut habe ich als Kind noch am Feldrain gesammelt. Ersparen Sie sich diese Erfahrungen. „Lorke" ist der aus dem berühmten undefinierbaren industriell erzeugten deutschen Kaffeersatzpulver gewonnene Trank. Dessen Tradition rührt aus dem Ersten Weltkrieg her. „Lorke" war nach meiner Erfahrung eine universelle Bezeichnung für alles, was einem als Kaffeegetränk vorgesetzt werden konnte, aber nicht trinkbar war. „Malzkaffee" gab es auch. Der bezog sein Aroma aus noch undefinierbareren Quellen. Das war jetzt ein Abriss der wichtigsten in Sachsen vorkommenden koffeinfreien Arten des Kaffees.

Diese gerade genannten Kaffeesorten, frisch gekocht, wurden in Sachsen teilweise schon Jahrhunderte lang dazu benutzt, hart gewordenes Brot, nachdem man es klein geschnitten hatte, darin einzuweichen, damit es wieder essbar wurde. In der Zeit vor der Erfindung des künstlichen Gebisses eine für ältere Leute in schlechten Zeiten unabdingbare Ernährungsvoraussetzung.

Eine Abart dieses Einweichens ist auch das berühmte „Ditschen". Es wird besonders gerne beim Christstollen, bzw. der Christstolle angewendet und geht auch mit Streuselkuchen oder Kartoffelkuchen. Beim „Ditschen", da sollte es aber immer Bohnenkaffee sein.

Eine Zeitlang gab es zu DDR-Zeiten auch den „Mischkaffee", ein Produkt aus irgendwelchen Ersatzstoffen, die man angeblich mit gemahlenem Bohnenkaffee angemischt, bzw. angereichert haben wollte. Dieses Getränk wurde staatlicherseits beworben und den Betriebskantinen und auch den Gaststätten vom Großhandel bei Bestellung von echtem Bohnenkaffee angeblich ersatzweise, aber in Wirklichkeit zwangsweise mit zugeteilt.

Diesem Kaffee wurde nachgesagt, dass er angeblich blind mache. Nach dem Verbrauch von zehn Päckchen dieser Kaffeesorte hätte man sogar automatisch Anspruch auf einen Blindenhund. Ich muss dieses bösartige Gerücht leider bestätigen, denn auch ich konnte dieses Zeug schon von Anfang an nicht ersehen, obwohl ich noch gar nicht davon getrunken hatte. An Bohnenkaffeesorten bekam der DDR-Bürger-Sachse drei Sorten im Laden. Die billigste Sorte war „Kosta", dann kam „Rondo" und schließlich „Mona". „Kosta" gab es nach einiger Zeit als Ware nicht mehr, weil zu billig. Er wurde dann mit staatlicher Genehmigung in der Rondo-Tüte zum Rondo-Preis verkauft. Der Unterschied zwischen den beiden Sorten war sowieso nie feststellbar gewesen. Dafür kam anschließend die Sorte „Melange" dazu. Dieser Kaffee bestand aus normal gerösteten Bohnen, denen ein bestimmter Prozentsatz karamellisierter Bohnen beigemischt war, wodurch ein besserer Geschmack erreicht werden sollte.

Ich weiß nur noch, dass die älteren Damen, die das nicht wussten und auch nicht begriffen hatten, es eventuell auch nicht begreifen wollten, und denen man diesen „Melange" angedreht hatte, anschließend zuhause saßen und damit befasst waren, diese „Schwarzen Bohnen" aus diesem Kaffee herauszulesen, bevor sie ihn sich in der Schlag- oder Handmühle pulverisierten. Die wussten noch aus der Vorkriegszeit und von ihren Müttern, die ihren Rohkaffee noch selbst in der Bratpfanne geröstet hatten, dass schwarzgebrannte Bohnen den Kaffee ungenießbar machen. Dieses Risiko gingen sie nicht ein, nicht bei den Kaffeepreisen der DDR, wo für ein Kilo Kaffee der niedrigsten Preisklasse immerhin ein ziemlich großes Stück der Monatsrente drauf ging.

An weiterer Kaffeesorten gibt es außer dem „Blümchenkaffee" noch den „Muckefuck". Hierbei handelt es sich um Zubereitungsformen, die abweichend von den vorgenannten Sorten, nichts mit den verwendeten Materialien zu tun haben.

Blümchenkaffee ist schnell erklärt. Bei diesem Kaffee kann man auch bei einer bis zum Rand gefüllten Tasse noch bis auf den Boden sehen, wo sich bei geblümt gemustertem Kaffeegeschirr die gemalte Blüte einer Blume befindet. Beim „Muckefuck" scheiden sich allerdings die Geister. Die einen behaupten, dass der Name davon herrühre, was Insekten mit den Blumenblüten bei der Befruchtung anstellen. Ihnen hat man das wohl nicht mit Mücken, eher mit Bienchen und Blümchen erklärt, wie das im Tier- und Pflanzenreich mit der Befruchtung läuft, obwohl doch außer den Insekten kein Tier darauf käme, sich zwecks Vermehrung mit einer Pflanze abzugeben. Bösartige Menschen behaupten allerdings, dass „Muckefuck" von der Wirkung dieses Gesöffs abgeleitet wäre. Erklären werde ich Ihnen das nicht. Sicher ist jedoch: Bohnen, oder sogar Kaffeebohnen haben mit der Zubereitung von „Muckefuck" nichts, aber auch gar nichts zu tun.

Der berühmteste sächsische Kaffee ist allerdings der sogenannte „Lange Kaffee". Nachstehend nun endlich das Rezept für seine Herstellung:

SÄCHSISCHER „LANGER KAFFEE"

Man nehme eine geröstete Kaffeebohne (möglichst Westkaffee) und binde sie an einem längeren derben haltbaren Bindfaden fest. Jetzt nehme man einen beliebigen sauberen Topf, fülle ihn mit sauberem Trinkwasser und bringe das Wasser in dem Topf zum Kochen. Die Wassermenge ist dabei frei gestellt. Das richtet sich danach, wie viel Kaffee man braucht. In der Zwischenzeit binde man den Faden mit der Kaffeebohne am Fensterkreuz des geöffneten Fensters fest, dass sie leicht und frei, allerdings nicht zu weit ausschwingen kann. Nun ist die Küchengelegenheit so einzurichten, dass die Sonne den Schatten der frei hängenden Kaffeebohne auf die Oberfläche des in der Zwischenzeit siedenden Wassers werfen kann. Die Stärke des Kaffees können Sie jetzt mit der Dauer des Vorganges regulieren. Bei starkem Sonnenschein wird der Kaffee stärker, weil da auch der Schatten der Bohne dunkler ist. Bei etwas trübem Wetter mit schwächerem Schatten müssen Sie das zeitlich eben etwas länger ausdehnen. Falsch machen, können Sie dabei kaum etwas und zu stark geratener Kaffee lässt sich bekanntlich mit heißem Wasser leicht verdünnen.

Es empfiehlt sich anfangs etwas vorsichtig mit dem zubereiteten Getränk umzugehen, um bei zu starkem Ansatz eventuellen Überhitzungen des Gemütes vorzubeugen. Setzen Sie sich, bevor Sie den Trunk genießen auf alle Fälle erst einmal in einen stabilen Sessel. Da können Sie sich nichts tun, falls Ihnen von der Stärke des Getränkes eventuell schwindlig werden sollte und Ihnen nach Umfallen ist. Die Bereithaltung eines mit kaltem Wasser angefeuchteten Handtuches, um es sich im Notfall kühlend auf die Stirn zu legen ist immer empfehlenswert. Auch ein Waschbecken, mit kaltem Wasser gefüllt, in welches Sie Ihre Füße zwecks Ableitung überschießender körperlicher Hitze stellen können, sollte bereit stehen.

Auch beim Kaffeegeschirr beachten Sie das bitte. Nehmen Sie als Trinkgefäß möglichst einen stabilen Kaffeetopf, ersatzweise auch eine sogenannte Mitropa-Tasse mit einer ausreichenden Wandstärke, damit das starke Getränk es nicht beschädigen kann und die Tasse Ihnen beim Eingießen nicht zerspringt.

Und dann noch: Trinken Sie diesen Kaffee langsam und nur in ganz kleinen Schlucken...

Dieses Rezept habe ich extra für Sie aus dem Sächsischen übersetzt. (Bei dieser Art des sparsamen Kaffeegebrauches reichte bei uns zuhause ein Päckchen Westkaffee, ab Silvester gerechnet mindestens so lange, bis so kurz vor dem darauffolgenden Jahr zum Weihnachtsfest das nächste Westpäckchen kam.)

Haben Sie das jetzt alles so gemacht, wie ich Ihnen das vorgegeben habe? Nein? - ... Dann holen Sie es bei Gelegenheit nach. Es entgeht Ihnen sonst etwas, und wenn es das Aha-Erlebnis ist. Eins habe ich aber noch vergessen, zu sagen:

Wenn der Sachse sich sein „Schälchen Heeß'n" macht, dann spart er an allem, bloß nicht am Zucker, denn am wichtigsten ist: „Sieße muss er sein…"

Über solche Sachen wie „Kaffeeklatsch und „Kaffeekränzchen" erzähle ich Ihnen lieber nichts. Das sind mentalitäts- und örtlich gebundene Traditionen, die man nur erlebt haben kann. Das vermag niemand nur mit Beschreibung zu veranschaulichen oder sogar zu inszenieren, höchstens eine richtige „Kaffeetante".

Dieser ganze neuere Quatsch mit den neuen Kaffeeanmischungen und ihren Bezeichnungen in perfektem Ausländisch, davon kriegen Sie höchstens Magengeschwüre, wenn nicht noch Schlimmeres.

Kaffee lässt sich auch heute noch unkompliziert aufbrühen. Es muss ja nicht unbedingt die DDR-Variante des „Kaffee Türkisch" sein, die nur deshalb überall ausgeschenkt wurde, weil es keine Kaffeemaschinen gab, um ordentlichen Kaffee zu filtern.

Kennen sie nicht mehr? Kennen Sie doch: Tasse, einen Kaffeelöffel gemahlenen Kaffee rein, mit kochendem Wasser aufgefüllt. Fertig. Schmeckte scheiße, sah aus wie Abwaschwasser, aber wenn Sie den Satz auch noch mit weggelöffelt hatten, dann war das ein Muntermacher erster Güte. Es sei denn, Sie stehen auf „Kaffeesatzlesen", zu dieser Wahrsagemethode eignet der sich nicht nur, sondern darf auch nur so zubereitet sein.

Die Legende besagt, dass Friedrich der Große den Siebenjährigen Krieg nicht gewonnen hätte, wenn es nicht das Geheimnis des „Sächsischen Kaffees" gegeben hätte. Warum sich die sächsischen Truppen am 12. Oktober 1756 bei Pirna kampflos zurückzogen, statt die einmarschierten Preußen zu bekämpfen, anschließend bei Königstein über die Elbe setzten, um sich unterhalb des Liliensteins auf der Ebenheit niederzulassen, war schon sehr verwunderlich. Statt nun diese Stellung gegen die sie nun einkesselnden Preußen wenigstens andeutungsweise zu verteidigen, kapitulierte dann die ganze sächsische Armee am 16. Oktober und ließ sich gefangen nehmen. Und das direkt vor den Augen ihres Kurfürsten und obersten Befehlshabers, der sich persönlich in ihrer Sichtweite auf dem Königstein vor den Preußen in Sicherheit gebracht hatte.

Friedrich der Große sah seinen Weizen blühen. Er rekrutierte nun diese ganze Armee, welche ihm so kampflos in den Schoß gefallen war für sich und schlug sie seinen Truppen zu. Dadurch stieg seine Truppenstärke erheblich.

Nun würde man hinter diesen Ereignissen, die am Ende kriegsentscheidend waren, alles Mögliche vermuten, aber doch nicht, dass es am „Sächsischen Kaffee" gelegen hätte.

Da gibt es Naheliegenderes. Beispielsweise, dass der sächsische Kurfürst als Reichsmarschall im Dienste der Kaiserin Maria Theresia sich nicht in diesem Konflikt, in dem es immerhin um die Herrschaft über Schlesien ging, seine militärische Hausmacht für die Habsburger verheizen wollte. Dem lag nicht so viel an einem Krieg, dazu noch auf seinem eigenen Gebiet, und schon gar nicht an einem Stellvertreterkrieg. Sollte sich doch die Kaiserin einen anderen Dummen suchen, der ihr die Kastanien aus dem Feuer holt. Nicht ganz von der Hand zu weisen wäre auch der Einwand, dass die Sachsen auf das Entsatzheer der Österreicher warteten, um gegen die Preußen eine Chance zu haben, und dann aufgaben, als Friedrich dieses Heer geschlagen hatte.

Die wahre Ursache kam schnell zu Tage und war ganz anderer Natur. Es muss bei der sächsischen Armee ein Versorgungsproblem gegeben haben. Nicht dass sie kein Pulver gehabt hätten. Da war etwas anderes. Als nämlich die neu übernommenen Truppen dann bei Friedrich gegen die Österreicher antreten sollten, gab es auch für die Preußen unvermutetes Problem. Die Truppe vertraten nämlich ihrem neuen Feldherrn gegenüber eine ganz unverblümte ultimative Feststellung: *„Wenn mir geen'n Gaffee grieschn, dann genn mir oo nich gämpfm!"* Um nicht in die gleiche Lage wie gerade der sächsische Kurfürst zu geraten, gab Friedrich dieser Forderung zähneknirschend nach. Nun könnte ich behaupten, die Sachsen hätten sich dann in seinen Diensten wacker geschlagen, aber die meisten Sachsen desertierten ihm bei nächster Gelegenheit trotzdem. Was ging es schließlich einen Sachsen an, ob der preußische König der österreichischen Kaiserin Schlesien wegnahm oder nicht. Dieses Vorkommnis hat Friedrich und auch unseren Vorfahren damals eine Schlacht erspart. Auf solche Weise kann es passieren, dass der Lauf der Geschichte auch einmal von etwas beeinflusst wird, woran niemand denken würde, wenn die Interessen der sogenannten kleinen Leute nicht berücksichtigt werden.

Von dieser Begebenheit her schreibt sich die weltweit verbreitete Bezeichnung des „Kaffeesachsen". Auch die sächsische Bezeichnung „Plempe" für schlechten dünnen Kaffee, wie man ihn den Soldaten verabreichte, stammt aus dieser Zeit. Dieses Wort „Plempe", was eigentlich den Säbel bezeichnet, wie ihn früher die Soldaten und noch lange die Gendarmen getragen haben und dann in Sachsen sogar als Schimpfname für Polizisten herhalten musste, hat mit Kaffee allerdings nichts mehr zu tun.

In wie weit allerdings in der DDR die zwangsweise Einführung des „Mischkaffees" Ursache für die zunehmende Aufmüpfigkeit der Bevölkerung war, was dann die Wende auslöste, müsste mal untersucht werden.

Die Volksseele, das Klassenbewusstsein und die Klassenkampferziehung in Dingskirchen

(Ein Arbeiterveteran erzählt)

Kommt man als Zugereister irgendwo neu hin, dann interessiert einen, nachdem das Umfeld so weit abgeklappert ist, dass man sich mit der Wohnung, der Arbeit, der Versorgung, den Ämtern und auch der näheren örtlichen Umgebung vertraut gemacht hat, vor allem die Mentalität der Leute, mit dem man es da zu tun hat.

Als ich meine Ausbildung beendet hatte, was in Deutschland auch schon früher ziemlich lange gedauert hat, nahm ich eine Arbeitsstelle in Dingskirchen, einem kleinen Städtchen im mittelsächsischen Raum an, heiratete, schaffte mir zusammen mit meiner Frau in Eigeninitiative Kinder an, kaufte ein Häuschen mit Garten und lebte da unauffällig meinen Tag, während die Eiseskälte der Stürme des Kalten Krieges über das Land DDR hinweg zogen. Es war zeitweise trotzdem sehr gemütlich.

Hat man sich erst einmal niedergelassen, will man sich auch einleben, macht anfangs ausgedehnte Spaziergänge, um alles kennen zu lernen, was sich lohnt anzusehen und dann will man auch wissen, was da früher einmal gewesen ist. Ich schlenderte also an einem schönen Tag die Gegend um den Marktplatz ab und schaute mir auch das Denkmal des großen Sohnes der Stadt an, was auf dem Marktplatz stand. Das stammte noch aus der Zeit, als die Vereinsmeierei ihre Blüten getrieben hatte. Und weil man sehr in sich eingesponnen war, hatte es eben am Ende keinen Heldenpark und keinen Bismarckturm in Dingskirchen gegeben sondern dieses Denkmal des „Großen Sohnes" als Standbild, aber nicht als Reiter, auf einem Sockel mit Widmung. Er war zwar ein Ritter gewesen, aber einer der Feder aus dem drittletzten Jahrhundert vor der Zeitenwende und berühmt war er auch erst geworden, als er Dingskirchen endlich den Rücken gekehrt hatte.

Wie er so sinnend dastand, hinter sich die Rathausfront, vor sich den Marktplatz, das hatte schon etwas und war immer gut für ein schönes Foto. Man hatte ihm darüber hinaus ein eisernes Gitter mit scharfen eisernen Spitzen gestiftet, damit Vorwitzige im nicht etwa zu nächtlicher Stunde einen Maulkorb umhängen, oder sogar eine Narrenkappe aufsetzen, aber vor allem, dass ihm die Hunde nicht ans Bein, respektive, an den Sockel pissen könnten. Das soll sogar für Bronze schädlich sein.

Man soll nicht annehmen, dass an Dingskirchen die Stürme der Zeit immer vorbeigegangen sind. Das war zwar ein Ackerbürgerstädtchen gewesen, aber die Leineweber und in ihrem Gefolge die Tuchmacher hatten die Industrie hierher gebracht. Das ging mit einer Rosshaarweberei und einer Bindfadenfabrik weiter, anschließend wurden plötzlich auch Gehäuse für irgendwelche technischen Geräte erzeugt, etwas Kleineisenindustrie und die Herstellung von einfachen landwirtschaftlichen Maschinen folgten. Eine Filzschuhfabrik begann ihre Produktion. Es wurde Verbandwatte hergestellt und auch die Tabakindustrie in Form der Zigarrenmacher ließ sich da nieder. Es bildete sich langsam Arbeiterklasse heraus und als die sich zum Teil in der guten alten Tante SPD nicht mehr wohlfühlten, gingen eine Menge zu den Kommunisten und später zu der deutschen Arbeiterpartei, die sich sozialistisch und auch national nannte, das aber alles nicht war, sondern dem GröFaZ seine. Das war Ende der Zwanziger noch ziemlich im Werden und auch noch lange nicht geklärt, wer am Ende gewinnen würde.

Ein alter Arbeitskollege, ein erprobter Genosse des Neuanfangs nach dem Krieg, mit dem ich mich hier angefreundet hatte, kam gerade in dem Moment dazu, als ich so am Rande des Marktplatzes stand und träumte. Er fragte mich, wie ich denn das fände, wie der Markt eingerichtet sei. Was soll man da sagen: Schön gestaltet und wie es sich gehört mit einem Blickfang, dem Denkmal geschmückt. Dass ich mir wenigstens etwas mehr Farbe an den Häuserfassaden gewünscht hätte, fiel mir lieber nicht ein.

Da grinste er etwas hinterhältig und fragte mich, wie ich mich denn fühlen würde, wenn ich beispielsweise da auf dem Podest stünde. Das war mir dann doch etwas zu theoretisch und ich muss auch ziemlich dämlich geguckt haben. Ich, und so geehrt auf einem Denkmalsockel?

Die Aufklärung war niederschmetternd: *„Gugg's Dir ma genau an. Das is in Dingskirch'n dor Eenzsche der Daach un Nachd uffn Been'n is. Unn is nitzt'n ieeberhaubd nischt. Alle wicht'chn Beschlisse wärn hidor sein'n Rigg'n gefassd ..."*, und damit zeigte er auf das Rathaus.

Dieser Kollege erzählte mir dann da auf dem Marktplatz in den Siebzigern, wie das damals mit dem Klassenkampf in der Zeit der großen Wirtschaftskrise ganz am Anfang der Dreißiger, als er noch ein Kind war, so gewesen ist. Die Spätgeborenen haben schließlich keine Ahnung und was die in der Schule darüber erzählt kriegen, hängt ganz davon ab, wer gerade die Lufthoheit über Deutschlands Stammtischen hat. Falls es Sie wundern sollte, weshalb ich das jetzt so politisch anfange, dann bedenken Sie, dass Überlieferung, Geschichte und Tradition in der DDR grundsätzlich immer parteilich, also von der Arbeiterklasse her und natürlich klassenkämpferisch sein musste.

Wenn der Mensch ein gewisses Alter erreicht hat, dann hält er schon manchmal inne, um sich zu vergewissern, wo er sich befindet. Irgendwann macht das jeder und eventuell auch mehrmals. An diesen Punkten hält er dann Rückschau und zieht dann Lehren, deren Weitervermittlung er für unbedingt erforderlich hält, weil sie seine Weltsicht darstellen, die er für erfahrungsgestützt wertvoll erachtet, aber natürlich nur für andere Leute. Das will nach meinen Erfahrungen aber selten jemand wissen und jeder versucht dem zu entgehen, so dringlich er diese Unterweisungen nötig hätte. Mancher verfällt dann darauf, diese Lehren beliebig zu verbreiten und an wen und mit welchem Erfolg ist ihm dann ziemlich egal, Hauptsache, es hört ihm noch einer zu. Sehr wichtig ist da natürlich die Politik und wie man selbst dazu gestanden haben will. Am besten lässt man die Leute reden. Ich habe jedenfalls festgestellt, dass das, was man allgemein als Brimborium, also den unnötige Abschweifungen da mit zu hören bekommt, einem meist mehr Information gibt, als die beabsichtigte Belehrung.

Er erzählte also drauflos und brachte mir eine Episode aus der Dingskirchener Geschichte nahe, welche er für sich prägend erlebt hatte und er zeigte mir auch, wo die entscheidenden Ereignisse stattgefunden hatten, und welche das für ihn waren.

Eines Tages, ganz am Anfang der Dreißiger hatte es zuhause plötzlich geheißen, dass er mal wieder reif zum Haareschneiden sei. Seine größere Schwester hätte ihn gezwungenermaßen und unwillig im Auftrag seines Vaters bei der Hand genommen und dann zum Friseur geschleppt, obwohl er nicht gewollt hätte, aber sie habe ihm gedroht, dass sie ihn erst verdrischt und anschließend noch verpetzt, wenn er sich weiter dagegen wehrt. Sie sei auch stärker gewesen, weil sie schon in die sechste Klasse gegangen wäre, er sich aber noch in der ersten mit dem Alphabet herumgequält habe. So wäre ihm nichts weiter übrig geblieben, als sich mitschleifen zu lassen. Sie sind also erst die Ebertstraße runter, anschließend über den Marktplatz am Rathaus vorbei und dann hinter der Stellmacherei vom Jobst über die Rinngasse zum Schulze-Friseur rein. Und da hätten sie ihn gleich, damit er nicht wieder ausreißt auf den hohen Stuhl für Kinder gesetzt, wo man noch angekettet wurde, um nicht runterzufallen. Der Friseur habe das schon gekannt, das mit dem Ausreißen der Kinder vorm Haareschneiden und auch bei ihm.

Trotzdem hätten sie warten müssen, weil erst noch mehrere Männer die Haare geschnitten haben wollten. (Ich kannte das auch noch aus eigener Erfahrung aus den Fünfzigern. Kinder kamen erst dran, wenn alle Erwachsenen bedient waren. Ein bis zwei Wartestunden kamen da meist zusammen. Ich jedenfalls hatte immer eine Stinkwut, wenn ich dachte, nun endlich dran zu sein und plötzlich kam der nächste Erwachsene zur Tür herein, der natürlich vor mir dran kam.) Diese Männer hätten da viel diskutiert und rumgebrüllt in der Friseurstube. Es wäre um Streik gegangen, vor allem aber um Arbeitslosigkeit, deshalb auch so viele Männer tagsüber beim Friseur. Sie wären aber nicht alle wegen dem Haareschneiden, sondern auch wegen der Diskussion da gewesen. Beim Friseur wäre es warm gewesen und draußen schon frisch und er wüsste noch, dass damals nicht alle Leute warme Anziehsachen besessen hätten. Schließlich hat der Friseur gefragt, wer als Nächster dran sei, und da hat keiner mehr gewollt, obwohl die meisten es nötig gehabt hätten. Da hat sie der Friseur dann alle raus gesteckt. Sein Salon wäre für die Kundschaft. Diskutieren und qualmen, das könnten sie auch draußen. Er heize sein Geschäft nicht für Jeden. Haare schneiden, oder raus. Endlich sah man, wie viel Arbeit wirklich noch zu tun war. Als sie dann alle raus gewesen wären, habe man ihm endlich seinen „Topp-Schnitt" verpasst. Den bekamen alle Jungen verpasst und weil alle so rumgelaufen wären, hätte auch keiner mitgekriegt, wie doof so etwas aussieht.

Der Topp-Schnitt sah so aus, als hätte man den Jungen einen Topf auf den Kopf gesetzt und alles, was an Haaren darunter herausschaut, wäre anschließend abgeschnitten worden. (Ich kannte auch das als den beliebtesten Haarschnitt meines ehemaligen Dorffriseurs noch aus der Nachkriegszeit. Ich wusste. Es sieht wirklich doof aus, ist aber heutzutage als besonders coole kreative Haartracht und sogar bei Mädchen und jungen Frauen zu sehen.)

Mein Gewährsmann erzählte weiter. Auf dem Heimweg hätten sie gerade über den Marktplatz gehen wollen, aber da wäre der Teufel los gewesen. Ein Riesenmenschenauflauf und entsprechendes Geschrei. Sie sind also beide vorm Schaufenster vom Sanitätshaus stehen geblieben, um sich das anzusehen, die große Schwester und er, sie ihn immer fest an der Hand.

An dem Tag sind die streikenden Arbeiter und die Arbeitslosen vor dem Rathaus aufmarschiert. Die vom Rotfrontkämpferbund sogar in Uniform und gleich die Freitreppe vorm Rathaus rauf, und man hätte geglaubt, dass sie nun alle rein stürmen und ordentlich Rabatz machen, vielleicht sogar den Bürgermeister verdreschen. Da war aber schon zugeschlossen. Sie hätten zwar mit den Fäusten noch an das Tor geschlagen, es aber dann sein gelassen und nur noch laut gedroht. An den Rathausfenstern sind dann ganz hektisch die

Jalousien runter geschnurrt, damit ihnen keiner die Scheiben einschmeißt. Kein Aas von der Stadt hätte sich blicken lassen und die Rathaustür wäre zu geblieben. Die Stadt hatte zwar damals sechs Polizisten, aber erst wenn die abends im Bette gewesen wären, hätte sich in Dingskirchen alles das abgespielt, was wichtig genug wäre erzählt zu werden. Von denen hätte man jedenfalls nichts gesehen, obwohl die doch hätten das Rathaus verteidigen müssen. Die wollten anscheinend nicht riskieren, verkloppt zu werden und steckten wer weiß wo.

Der Bürgermeister telefonierte höchstwahrscheinlich inzwischen mit der Amtshauptmannschaft und forderte das Überfallkommando von der Sipo an. Das war stark anzunehmen, denn er hätte das immer so gemacht, wenn Krawall war, auch damals noch beim Kaiser, als am Sedantag damals die große Drescherei im Volksheim war, wie er aus den Jugend-Erzählungen seines Vaters noch wusste, der damals fast ein Auge eingebüßt hatte und auch später bei den Krawallen wegen der Inflation, wo sie dem Krummbiegel seinen Bäckerladen geplündert hätten und ihm dabei die Katze erschlagen haben. Das war festes Ritual, das mit dem Telefonieren nach der Polizei, auch bei den Saalschlachten der Parteikämpfe in den zwanziger Jahren, als einmal die Deutschnationalen den Redner der Kommunisten, ohne es erst aufzumachen gleich durchs Fenster, auf die Straße geschmissen hätten und der dann in den Scherben fast verblutet wäre.

Inzwischen hätten die vom Frontkämpferbund es aufgegeben, ins Rathaus zu kommen, hätten auf der Rathaus-Freitreppe gestanden, die Fäuste zu ihrem Gruß gehoben und immer gebrüllt: „Arbeit und Brot!" und „Akkord ist Mord!" Unten standen eine Menge Arbeitslose, auch die, die der Friseur rausgeschmissen hatte, und ein Stücke weg davon, rings um den Markt ein großer Haufen Neugierige. Darunter natürlich die Verwandtschaft von denen, die da auf der Rathaustreppe demonstrierten, meistens Frauen und Kinder.

Endlich kam dann das Überfallkommando mit dem Auto die Kastanienallee entlang und in die Stadt rein. Das hielt ein Stück oberhalb vom Marktplatz und die Sipos alle gleich runter von der Ladefläche. Alle mit Tschako und Knüppel.

Im Nu war der Marktplatz leer. Erst die Neugierigen und dann die Arbeitslosen. Die wollten sich nicht verdreschen oder ihre Klamotten ruinieren lassen. Dafür war die Sipo bekannt, dass sie keinen Spaß verstand.

Ein Händler, der an dem Tag seinen Stand auf dem Markt aufgeschlagen hatte und gerade noch Kartoffeln verkauft hatte, schob seinen Karren ganz schnell in die Einfahrt bei Hutschenreuter, wo dann der Gemüsekonsum war und beim Sanitätshaus vom Weitbrecher surrte das große Blechrollo vorm großen Schaufenster runter. Das hatte er neu machen lassen, weil sie ihm bei so einer Sache mal die Scheibe eingeschmissen hatten.

Dann waren nur noch die vom Rotfrontkämpferbund mit ihren Schildern da auf der Freitreppe vom Rathaus. Die waren schon ganz heiser geschrien, weil es so lange gedauert hatte, bis die Sipo kam und das mit der „Arbeit" und dem „Brot" klang auch schon eine Weile nicht mehr so furchtbar.

Der Polizei-Hauptmann ließ jetzt seine Leute geschlossen von der Ebertstraße aus auf das Rathaus vorrücken und dann trieben sie die Schreier alle von der Treppe runter Richtung Unterstadt. Plötzlich wären auch die Dingskirchener Polizisten alle da gewesen. Die hätten wahrscheinlich alle mit im Rathaus gesteckt.

„Die haben sich da vielleicht gekloppt und ich mittendrin. Wir, meine Schwester und ich, standen nämlich immer noch da auf dem Fußweg, beim Sanitätshaus, wo jetzt der Herrenausstatter drin ist. Wir hatten das Weglaufen vergessen. Plötzlich kommen die ganzen Rotfrontkämpfer alle die Freitreppe vorm Rathaus runter gerannt und mitten drin die Sipos mit ihren Gummiknüppeln. Wir wurden sofort über den Haufen gerannt und ehe ich mich versah, lag ich schon im Dreck und meine Schwester auch. Wir haben beide geschrien, wie am Spieß, aber es hat uns nichts geholfen.

Als sie über uns drüber weg waren, haben wir uns wieder aufgerappelt. Soo eine Beule hatte ich am Kopp und meine Schwester hatten sie die Schürze zerrissen. Ich hatte ein aufgeschlagenes Knie. Der eine Strumpf war auch kaputt und einer von meinen Hosenträgern abgerissen. Das Allerschlimmste: An dem Tag hatte ich meine neue Mütze auf. Die war bei dem ganzen Trubel zuerst in den Dreck geflogen und sah nun entsprechend aus, weil anschließend noch einer draufgetrampelt haben musste.

Laut bläkend und voller Angst sind wir dann nachhause. Wir wussten, was uns beiden blühte, so wie unsere Sachen zugerichtet waren. Das eine sage ich dir, die Dresche, die wir zweie dann zuhause gekriegt haben, die war nicht von schlechten Eltern. Dagegen war das auf dem Markt mit der Sipo und den Frontkämpfern glatt zu vergessen.

Das war mir eine Lehre. Da konnte passieren was wollte, von da an hab ich mich aus allem rausgehalten, was irgendwie politisch gefährlich war. Wenn ich auch sonst nicht viel von ihm gelernt habe, das hat mir mein Vater jedenfalls damals beigebracht. Und das hat mir im Leben viel Ärger erspart."

Wir befanden uns gerade an der bewussten Stelle, wo er damals samt Schwester und Mütze in dieser Dreckpfütze gelandet war. Die bildete sich wohl hier noch immer bei jedem Regen, wenn die Kanalisation verstopft war. Wir verhielten eine Weile in Gedanken. Dann gingen wir weiter und er schloss die Erzählung ab: „Nach dem Krieg bin ich dann gleich in die neue Partei gegangen, als ich gemerkt habe, dass die das Sagen hat. Die haben uns auch ordentlich geschult. Da wusste man immer gleich, was richtig war und kam gar nicht erst in Konflikt mit den Sachen, die sich nun einmal nicht umgehen lassen. An unseren Klassenkampf-Erfahrungen sollte sich unsere heutige Jugend ruhig ein Beispiel nehmen."

Er hatte es dann sehr eilig, weiterzukommen, so dass ich mich gar nicht richtig bedanken konnte. Ich hatte nur schon damals das unbestimmte unangenehme Gefühl, dass mein Gewährsmann es im Nachhinein bedauerte, nicht immer in der richtigen Partei gewesen zu sein, es zwar dann, als es darauf ankam, doch alles richtig gemacht zu haben glaubte, aber doch nicht ganz zufrieden damit war. Er hat die Wende nicht mehr erlebt. Für ihn war bis zum Lebensende Sozialismus und dass die Wende kam, konnte er nicht wissen.

Volker Braun hat ausgeführt, dass der „Genosse Haltsmaul" mit den Panzern der Russen und der Gruppe Ulbricht aus den russischen Umschulungslagern in den Osten Deutschlands eingeschleppt wurde. Ich glaube, dass den nicht die Russen oder die Kommunisten erst erzeugen mussten. Der war nach meiner Ansicht in der deutschen Volksseele schon immer verankert und hat sich zu allen Zeiten unter den verschiedensten Tarnungen in Deutschland zwar nicht immer sehr wohl gefühlt, aber sehr heimisch geborgen gewusst.

Ich habe da so einen Indikator dafür, wie es in den letzten Zeitläuften so an einem Ort zugegangen sein muss, und zwar sind das die Straßennamen. Das mag erst verwunderlich klingen, aber wenn man die Wohnanschriften der Leute über die Jahrzehnte verfolgt, dann glaubt man erst, dass sie ihr Leben lang nichts anderes zu tun gehabt hätten, als laufend umzuziehen. Eine alteingesessene Familie wohnte beispielsweise anfangs in der Scheunengasse, dann in der König-Albert-Straße, worauf sie in die Ebertstraße umgezogen sein musste, um sich kurz darauf in der Adolf-Hitler-Straße niederzulassen. Nach dem letzten Krieg wohnte sie in der Stalinstraße, wo es ihr anscheinend nicht gefiel und sie zog von da in die Straße-der-Deutsch-sowjetischen-Freundschaft. Seit der Wende hat sie ihr Domizil in der Langen Straße.

Sie wohnte aber immer in dem Haus mit der Hausnummer drei und alle ihre Mitglieder schwören Stein und Bein, immer in diesem Haus gewohnt zu haben. Ist das nicht seltsam? Ich kenne Leute, die wohnen seit ihrer Geburt in Chemnitz, sind dort aufgewachsen, haben sich nie vom Fleck gerührt und wohnen immer noch dort. Sie haben aber amtlich beweisbar in Karl-Marx-Stadt geheiratet, dort gearbeitet und ihre Kinder sind auch alle in Karl-Marx-Stadt geboren.

Schlimm war das eben früher, dass die Leute nicht richtig wussten, wie man das mit dem Protest und der Demonstration richtig macht. Wenn sie dem Druck der Verhältnisse nicht glaubten ausweichen zu können, dann haben sie sich eben spontan aufgelehnt. Das geht nicht. Auch der Staat war auf diesem Gebiet noch unterentwickelt und reagierte repressiv mit Terror und Verboten. Da wurde anschließend oft mehr als nötig gekuscht und wenn das mit dem vorauseilenden Gehorsam zur Vermeidung von Auffälligkeiten noch dazu kam, dann passieren eben auch solche Dinge, wie beispielsweise das mit den Straßennamen.

Daran kann man ermessen, welche Fortschritte die gesellschaftliche Entwicklung zu damals gemacht hat. Es ist nicht wichtig, was man verbietet. Wichtig ist doch, dass man die Regelungen so gestaltet, dass sie der Mentalität der Bevölkerung entsprechen, und das haben wir jetzt. In einer solchen Situation wie der damaligen, wenn sie wieder einmal auftritt, so mitten im gewerkschaftlichen Arbeitskampf, da meldet man diese Demonstration erst einmal ordnungsgemäß an und dann macht man sie. Die Polizei weiß Bescheid, kommt gleich mit dazu, passt anschließend auf, dass auch alles mit dem Protest im geordneten Rahmen bleibt und die Demonstranten auch nicht von den Leuten angepöbelt werden, und was da alles sonst noch vorkommen kann. Man muss sich auch nicht mehr heiser brüllen. Ein Megaphon ist viel unaufwendiger. Es läuft alles viel gesitteter ab und man kann, falls es dunkel ist, zur Demo auch eine Kerze mitnehmen und auch die Kinder, damit sie das auch gleich richtig lernen, das mit dem amtlich erlaubten Protest und seiner ungefährlichen Friedlichkeit. Die Presse weiß Bescheid, man kann Protestnoten verfassen, sie überreichen, erreicht so die Öffentlichkeit und wenn man Glück hat ist man sogar auf dem Pressefoto von der Demo mit drauf, was der Stadtanzeiger dann in der nächsten Woche bringt.

Gott sei Dank haben wir diese rauen Zeiten von Früher nicht mehr. Das soll sogar in der Wendezeit im Osten noch ziemlich gefährlich gewesen sein, das mit der Revolution, weil nicht nur die Demonstranten glaubten, es ginge ihnen ans Fell, sondern vor allem die, gegen welche demonstriert wurde. Dabei hat eigentlich nur die verordnungsgeregelte Methodik gefehlt, nach der man das macht, damit nichts passiert.

Der Normalbürger ist viel einsichtiger, als allgemein angenommen wird. Wenn man ihn in dem Glauben lässt, dass er noch etwas zu verlieren hat, dann benimmt er sich schon vernünftig. Ihm neben der Überzeugung, dass alles sowieso in seinem Sinne bestens geregelt wird, diesen Glauben zu vermitteln, dass er etwas zu verlieren hat, das ist wohl das Allerwichtigste. Dann lässt er das mit der Revolution von alleine. Er muss Angst vor etwas haben, wenn er nicht im gesetzlichen

Rahmen handelt ... und wenn es auch nur seine Angst davor ist, dass er bei aller Voraussicht vielleicht doch gegen irgendeine Bestimmung verstoßen haben könnte ... Aber im Rechtsstaat kann er anschließend Klage einreichen und sein Recht bekommt er dann auch garantiert.

Dass Sie stänkern wollen, weil Ihnen irgendetwas nicht passt, diesen Verdacht werden Sie allerdings gegenüber den Vertretern der Staatsmacht nie ganz ausräumen können, sobald Sie eine Demonstration anmelden, nur dass es eben jetzt nicht mehr strafbar ist, das Demonstrieren, aber auch da kann man heutzutage versehentlich unvermutet mal den Wanst vollkriegen, falls man gerade günstig steht. Das macht das Leben doch erst interessant.

Kriminalfall ohne Beispiel, oder wie man in der Provinz miteinander lebt

*(Wie das mit der Emma ihrem Fahrrad,
dem Gänseschmied, dem Köhler-Beck
und der Wahrsagerei gewesen ist)*

„Beim Köhler-Beck kaufen wir nischt!" Brüsk, kategorisch verneinend gab das Emma von sich. Emma, müssen Sie wissen, ist so eine Art Original und hat ihre eigene unveränderliche Sicht auf die Welt. Wir trafen uns zufällig in der Stadt und ich hatte gesagt, dass ich nur schnell noch ein Brot in dieser Bäckerei holen wollte, damit sie mich nicht weiter aufhält.

Die Sache mit dem Köhler-Beck schien mir verwunderlich. Eigentlich rennt sonnabends früh alles zum Köhler-Beck und stellt sich möglichst schon vor Sechse an, um dann gegen Sieben, wenn er den Laden aufmacht als einer der ersten die frischen Brötchen zu ergattern, kaum dass sie aus dem Ofen heraus sind. Halb Acht sind sie meist schon ausverkauft und Nachbacken, das macht er nicht. Wer also am Sonnabend zu spät aus den Federn kam und sich erst eine Viertelstunde vor Ladenöffnung in die Warteschlange der Brötchenhungrigen einreihte, der bekam höchstens noch „Hutzeln", die Danebengelungenen.

Das war Anfang der Siebziger nun einmal so und hat sich erst sehr viel später, erst nach der Wende etwas geändert, obwohl sich in Dingskirchen die älteren Leute auch jetzt noch früh vor Ladenöffnungszeit nach Brötchen anstellen. Da sind es aber nicht so sehr die frischen Brötchen, sondern der neueste Stadtklatsch, den man da immer noch so wie früher an der Quelle als erster abgreifen kann. Nun boykottierte hier eine ganze Familie einen Bäcker, denn Emma stammte aus einer kinderreichen Familie und hatte außer ihren Kindern auch schon Enkel. Das war mir unverständlich. Emma muss es mir an meinem dummen Gesicht angemerkt haben, dass ich perplex war. Schließlich wohnte ich in unmittelbarer Nähe des Becks und sie wusste, dass wir da kauften.

„Früher ...", begann sie zögernd, wollte etwas preisgeben, brach aber dann ab und sagte nur schnippisch: „ ... seit der Sache damals sind die für uns gestorben."

Da war ich genau so schlau wie vorher, aber nun erst recht neugierig, vermutete eine ins Brot eingebackene Maus oder ähnliches. Damit war ich aber auf dem Holzweg, mein Brotkauf erschien mir auch nicht mehr so eilig, und nach ein paar dahingehenden Fragen vertraute mir Emma folgende Geschichte an:

Der „Gänseschmied" von Dingskirchen hatte nach dem Krieg noch eine Fahrradreparaturwerkstatt. Der hatte es in den Dreißigern auch mit einer Tankstelle versucht. Die alten verrosteten Tanksäulen mit den Aufschriften „Standard" und „Esso" standen zu meiner Zeit noch vor seinem Haus.

Ich lenkte Emma davon weg. Was der Beck mit der Werkstatt vom Gänseschmied zu tun hätte. Nichts, aber für einen Groschen ließ sich beim Schmied ein Fahrrad einstellen, wenn man vom Dorf in die Stadt kam.

Die Emma war mit ihrem neuen Fahrrad also eines Tages in die Stadt gekommen, um sich beim „Verschönerungsrad" aufhübschen zu lassen. Sie wollte zum Friseur. Das dauert bei Frauen immer etwas länger und man weiß ja nie, was passieren kann, wenn man andere irgendwie in kriminelle Versuchung führt. Ein neues Fahrrad die ganze Zeit so öffentlich vor dem Friseurgeschäft auszustellen, war ein Risiko. Der Fahrradständer vor dem Frisiersalon war Emma jedenfalls zu unsicher, also gab sie das Rad dem Schmied, der nicht weit davon weg wohnte, zur Aufbewahrung.

Als Emma mit ihrer frischen Dauerwelle und nach dem Abkauf verschiedener Lebensmittelabschnitte mittels des stets erst hinterher zu bezahlenden Groschens das Fahrrad wieder auslösen wollte, war das nicht möglich. Das Vorhängeschloss am Schuppen des Gänseschmiedes war über die Mittagszeit aufgebrochen worden und das neue Fahrrad war weg.

Entsetzen. Was tun? Was nützte es, wenn man vom Schmied Ersatz verlangte. Fahrräder waren damals Gold wert und Geld nichts. (Er würde wohl kaum gezahlt haben. Die Aufbewahrung wurde doch erst hinterher bezahlt.)

Mit dem „Schandarm", der Polizei wollten weder der Schmied, noch die Emma etwas zu tun haben. Der hätte wohl nach der Geschäftsgrundlage der Fahrradeinstellerei gefragt und auch bestimmt wissen wollen, wie jemand wie die Emma in diesen Zeiten zu einem neuen Fahrrad kommt.

So ergab sich nach einigem Hin und Her, bei dem man sich nicht einig wurde, wie man aus der Bredouille ohne Schaden herauskäme, dass sich die beiden Parteien gemeinsam auf den Weg zur Oberstadt machten, um den „Mahl-Richard" zu fragen.

Der Mahl-Richard war zu der Zeit der Wahrsager. Für fünf Mark sagte er wahr, oder was er dafür hielt. Der Richard hatte schon als Kind immer Krämpfe gehabt und der Doktor hatte einmal von schizoidem „Grand mal" gesprochen. Da war dem Richard dann dieser Spitzname geblieben. Soweit wusste ich Bescheid. Der Richard war eine Legende, aber schon lange tot. Die Alten schwuren noch auf ihn und seine Prophezeiungen, aber Genaueres erfuhr man nicht.

Ich bremste Emma. Erst die Geschichte mit dem Schmied. Ja, der „Gänseschmied" hatte seinen Spitznamen davon, dass er einmal einem Bauern sein Pferd nicht hatte beschlagen wollen, weil ihn dieser als Schläger und Beißer von einer Schindmähre bekannte Gaul schon einmal fast zum Krüppel gestoßen hätte.

Er hatte wörtlich gesagt, dass er lieber seinem bissigen Gänserich Hufeisen verpassen würde, als den Klepper vom Reinfried noch einmal in seine Schmiede zu lassen. Sie malte das mit Rede und Gegenrede sehr plastisch, und das dauerte bei Emma ...

„Emma, was ist denn nun mit dem Beck."

Gut. Sie wären also beide beim Richard gewesen und der hätte sich das alles haarklein erzählen lassen. Dann sagte er wahr.

Wie? Mit einem Kartenspiel? Nein, nicht mit Spielkarten oder so, auch nicht mit einer Glaskugel. Beim Richard war das so, dass er sich in seinen Sessel zurücklehnte, die Augen zu machte und in „Drangse" verfiel. Der Richard war also ein Medium gewesen. Der machte dann nach einer Weile die Augen wieder auf, aber die waren dann ganz verdreht und manchmal lief ihm dabei auch die Spucke aus dem Mund. Der Richard war dann nicht bei sich.

Das war bekannt und gehörte dazu. Das konnte man verlangen. Man bezahlte ihn ja dafür, nur die Kinder konnte man nicht mit zu ihm mitnehmen. Das störte die Wahrsagerei, wenn sie nicht stille hielten, quengelten oder sogar in die Wahrsagerei reinquatschten. Dem Richard seine Schwester nahm die, wenn es nötig war in Verwahrung. Ich fragte nach der Gebühr. Nein, Aufbewahrungsgeld nahm sie für Kinder keins. Weiter mit dem Richard.

Ja, also, der hing mit verdrehten Augen so in seinem Sessel und nach einer Weile fing er dann ruckartig und mit einer heiseren Stimme zu reden und man musste dann genau hinhören, denn da sagte er wahr.

Das mit dem in „Drangse" fallen dauerte immer eine Weile. Manchmal schlief der Richard damals, weil er doch schon sehr alt war, auch richtig ein. Da musste man ihn wecken. Das war alles bekannt. Wenn er einschlief, schnarchte er. Wenn er schnarchte, durfte man ihn wecken, damit er mit der „Drangse" weitermachte.

Die Emma und der Schmied einigten sich inzwischen, wer bezahlen sollte. Der Schmied erklärte sich bereit, weil er aber kein Geld bei sich hätte, sollte Emma das derweil verlegen. Sie verlegte es, schob also die fünf Mark unter die Tischdecke, und es war ihr heute noch leid, aber die fünf Mark waren damit nun einmal für immer weg gewesen. Sie ahnte es, ehe es ihr tatsächlich bewusst wurde. Wahrsagerei war schließlich verboten. Gewerbsmäßig betrieben stand sie unter Strafe, und der Gänseschmied war auch einer, von dem sie alle sagten, dass er es von den Lebendigen nahm und fürs Gewesene nichts gab.

Da endlich fuhr der Wahrsagegeist in den Richard und beschrieb umständlich, wie ein junger Mann mit einer Beißzange das Rad befreit habe und anschließend auf verworrenen Umwegen erst per Rad und dann zu Fuß durch die Stadt geirrt sei. Richards Geist wusste sogar, dass gleich nach dem Diebstahl erst die Kette gerissen war und der Dieb auch noch einen „Latschen" gefahren hatte. Endlich war der Dieb angekommen. Er wohnte im Erdgeschoss und es war das dritte Haus links. Der Richard kam jetzt ziemlich schnell wieder zu sich und fragte, ob „es geklappt" hätte. Es hatte. Richard fühlte unauffällig nach, ob auch das Geld unter der Tischdecke lag und wünschte viel Erfolg.

Mit der bezahlten Wahrsagerei ist das so eine Sache. Man muss wissen, wie man es macht, dass man hinterher nicht verantwortlich ist, unschuldig an allen Folgen bleibt und die Leute trotzdem glauben, dass man es kann und auch wiederkommen.

Jetzt konnte die Jagd beginnen. Emma wusste jetzt nach so vielen Jahren noch jede Straßenecke, um die der Dieb gebogen war. Na, eine Stelle war nicht ganz klar gewesen. Der Wahrsagegeist hatte eine Straßengabelung übersehen, aber am Ende war es doch eindeutig gewesen. Ins Müllerholz, in den Wald abzubiegen hatte keinen Sinn, da wohnte niemand, also musste es die Röhrengasse lang gehen und nicht die Schusterstiege rauf. Abgehetzt hatten die beiden Verfolger endlich vor dem dritten Haus der Huckelgasse gestanden. Das war das vom Köhler-Beck.

„Hat er das Rad gehabt?", konnte ich mir nicht mehr verkneifen zu fragen.

„Bestimmt!" behauptete Emma.

„Wieso, hat er es abgestritten?"

Nun kam die Familiengeschichte des Köhler-Beck. Ich lasse die Einzelheiten weg. Kurz und gut: Der alte Beck war ein grober und kräftiger Kerl, der nicht lange fackelte, ehe er zulangte, und seine drei schon fast erwachsenen Jungen auch. Das kommt vom Mehlsäcke schleppen und vom Teigkneten. Und erst die alte Beckin. Auch so ein Dragoner wie ihre Männer. Die hatte Haare auf den Zähnen und mit wem die sich schon alles angelegt hätte. Sogar gerichtlich wäre das gewesen.

„Naja, ich habe mich nicht zu fragen getraut ...“

„Und der Schmied?“, bohrte ich weiter.

„Es war ja nicht sein Fahrrad ...“

„Und da seid ihr wieder gegangen?“

„Ja, aber ich weiß noch ganz genau, was für ein Rad das war. Die Reifen ganz hellrot und hinten so ein Netz mit Blau und Gelb, wie geklöppelt und vorne auf dem Schutzblech war ein silberner Adler und die Karbidlampe...“

Emmas Mundwerk wurde wieder zum Wasserfall.

Über dreißig Jahre war das damals schon her. Plötzlich hatte ich es eilig, hoffentlich kriegte ich noch mein Brot. Das vom Köhler-Beck, ich sagte es schon, schmeckte besonders gut und war darum meist schnell ausverkauft.

Auf dieser Grundlage lebt man nun mit seinen Mitmenschen beieinander. Das haben Sie auf anderer Grundlage auch heute noch ab und zu. Was andere über Sie denken und worüber sie sich wegen Ihnen das Maul zerreißen, das erfahren Sie sowieso nicht. Und das ist vielleicht auch gut so.

Mir hat mal ein guter Freund gesagt: Er kenne in dem langen Straßendorf, wo er herstamme, bestimmt alle Leute, die da wohnen und die ihn auch. Er käme mit allen gut zurecht. Wenn er aber zum Beispiel durch das ganze Dorf gehen würde und an einem Ende anfangen würde jedem den er zufällig treffe, über den Gartenzaun die Wahrheit über ihn, oder was die Leute dafür halten, ins Gesicht zu sagen, die würden ihn schon gelyncht haben, ehe er auch nur die Hälfte der Strecke geschafft hätte.

Die Geschichte
mit der Schäfern ihrer Versicherung

*(Woraus man erkennen kann, dass sich im Prinzip
nie etwas ändert
und es die kleinen Leute immer anscheißt)*

Wie das so war zur damaligen Zeit, gleich nach dem Krieg.
Die Schäfern hatte es da ganz schlimm erwischt. Kaum zur
jungen Frau herangereift, von Großdeutschlands Zukunft
verblendet, war sie wie alle anderen mit in den Schlammassel
des zweiten Weltkrieges hineingeraten. Sie war ausgebombt,
der Mann, von dem sie ein Kind erwartete, war nach der üblichen Ferntrauung im Krieg an der Front gefallen, was sie auch
erst nach Kriegsende erfuhr. Sie war Umsiedlerin aus den
früheren Reichsgebieten, hatte auf der Flucht noch das unge-
borene Kind verloren, was der Mann aus naheliegendem
Grund sowieso nie mehr gesehen hätte, musste sich irgendwie
im fremden Land bei fremden Leuten für Geld verdingen,
oder wenigstens für Essen, um nicht zu verhungern, und was
da sonst noch so war. Als dann der Krieg damit zu Ende ging,
dass nicht mehr geschossen wurde und die „Besetzung" er-
folgte, kamen auch die Umsiedler endlich da zur Ruhe, wo es
sie hin verschlagen hatte. Man war zwar in der Fremde, so
vom ehemaligen zuhause aus gesehen, aber man brauchte
nicht mehr vor dem Feind auszureißen. Der war jetzt friedli-
cher. Jetzt ging es nicht mehr um die Rettung des nackten
Lebens, sondern plötzlich darum, nicht zu verhungern. Ihre
Eltern hatten das mit dem Krieg wie so viele nicht mehr ver-
standen. Das eigene Unglück, das Unglück der Tochter,
Flucht, Vertreibung, Hunger und Lebensangst, Krankheit und

Lebensüberdruss hatten sie unter die Erde gebracht. Geblieben war der Schäfern außer der „Göbbelsharfe", dem Rundfunk-Volksempfänger, der plötzlich ganz andere Töne zu spucken begann, nur noch die alte Stutzuhr der Urgroßeltern. Vergoldete Bronze und mit Schlagwerk: „Üb' immer Treu und Redlichkeit, bis an dein kühles Grab ...", wie es die Mutter immer dazu gesungen hatte. Dazu etwas angeschlagenes Küchengeschirr, einige Wäsche und ein emaillierter Nachttopf. Geschwister hatte sie nie gehabt und wo es die andere Verwandtschaft hin verschlagen hatte, mochte Gott wissen. Von den Schwiegereltern hatte man sowieso nie wieder etwas gehört. Die Schäfern war verlorengegangenes Strandgut der Umsiedlung. Sie war allein und niemand hatte sich um sie gekümmert.

Eine Menge Zeit war vergangen, in der sie an diesem neuen Ort, der ihnen als neue Heimat zugewiesen worden war, die Gräber ihrer Eltern pflegte und tagsüber ihrer Arbeit nachging. Langsam hatte sich manches gebessert, so, wie man sich mit dieser neuen und ungewohnten Zeit und den Dingen, die sie mit sich brachte eingerichtet hatte, weil man musste, wenn man nicht aufgeben wollte. Das Überleben war ihr zur zweiten Natur geworden. Illusionen weichen bei nüchterner Betrachtungsweise den Zwängen der Realität.

So war aus der jungen verwitweten Frau Schäfer mit der Zeit eine schon ältere Matrone geworden, die alle nur noch „Dä Schäfersche", oder „die Schäfern" nannten und die sich in dem kleinen sächsischen Dorf, wohin es sie zu Kriegsende hin verschlagen hatte, eigentlich ganz gut eingerichtet hatte. Sie wohnte in einem alten Fachwerkhäuschen bei einer Häuslerfamilie zur Miete, hatte so halb und halb Familienanschluss bekommen, auch mal ab und zu auf deren Kinder aufgepasst, ein Stückchen Garten mit Kräutern, Gemüse und einigen

Blumen für den Eigenbedarf bestellt, war in eine Textilfabrik zur Arbeit gegangen, um etwas Geld zum Leben und für alle Fälle zu haben.

Möbel hatte sich aus Haushaltauflösungen und gebraucht beim Trödler gefunden. Es ging mit der Zeit allen etwas besser. Die Lebensmittelmarken wurden abgeschafft. Es gab mehr zu kaufen. Man begann sich etwas zu leisten. Die Häuslerkinder wurden größer, kamen aus der Schule und gingen nacheinander aus dem Haus. Nun hätte sie zwar vielleicht gern wieder geheiratet, um versorgt zu sein, aber die Zeiten waren nicht danach, die Männer im für die Schäfern passenden Alter waren gefallen, in Gefangenschaft oder über die grüne Grenze in den Westen fort. Und dann hatte sie wohl gedacht, dass sowieso schon alles zu spät sei.

Von den alten Häuslern starb der Vater kurz vor der Erreichung der Rente. Man nannte das „sozialistisch sterben", wenn man auf diese Art auf die spätere Rente verzichtete. Da war dann nur noch die Mutter der Häuslerfamilie da und man hatte im Haus nun mehr Platz. Die Schäfer bekam noch ein Stübchen dazu. Sie wohnte, nachdem sie da erst nur eine Wohnküche mit Schlafplatz gehabt hatte, nach dem Auszug der Kinder noch eine Stube und ein Dachkämmerchen dazu bekommen hatte, nun in einer Stube-Kammer-Küche-Wohnung. Sie richtete sich nun eine Putzstube ein, so wie sie das von früher her kannte, lebte aber weiterhin in ihrer Wohnküche und schlief nun im Bodenkämmerchen. Zum Gemeinschaftsklo musste sie immer noch erst zur Hintertür raus über den Hof. Man kannte es noch nicht anders und nachts ging man auf den Nachttopf, der dann morgens entsorgt wurde. Punkt. Von Bad keine Spur. Dafür gab es das Waschhaus und wer baden wollte, der musste sich mit einer der üblichen Zinkbadewannen behelfen. Dazu gehörte auch das vorherige Anheizen des Waschkessels.

Die Schäfern wurde älter und weil das mit dem Wäschekochen im Waschkessel und auch mit dem Waschbrett nicht mehr so richtig ging, sie als Alleinstehende ohne Familienanhang auch keinen Haushaltstag bewilligt bekam, schaffte sie sich eine Waschmaschine an. Dann kam ein Kühlschrank dazu. Verderbliche Nahrungsmittel konnten nun etwas länger aufgehoben werden und man brauchte deshalb nicht mehr so oft einkaufen gehen, weil Vorrat angelegt werden konnte. Größere Posten ergatterter Mangelware reichten dadurch länger. Ein Gasherd kam ins Haus, Flüssiggas gab es in Flaschen, die, wenn sie leer waren gegen volle getauscht werden konnten. Dann leistete sie sich auch noch eine Wäscheschleuder. Zum Schluss kam für das alte Röhrenradio, was nun endgültig den Geist aufgegeben hatte, ein Fernsehapparat, und der bekam seinen Platz nicht wie das Radio über dem Herd, sondern in der Putzstube.

Fernsehen ist so etwas wie Theater und das braucht auch ein gepflegtes Umfeld. So kam es, dass ganz langsam, wie bei anderen auch, der Schäfern ihre Putzstube zur Wohnstube wurde. Die Stutzuhr hatte da ihren Platz und die Schäfern kaufte auch ein gut erhaltenes Gebrauchtsofa zu dem unvermeidlichen Esstisch mit seinen vier hochlehnigen und hochbeinigen unbequemen Stühlen dazu.

Richtig gemütlich war es aber erst, als auch noch ein sogenannter Fernsehsessel aus der Werkstatt des Polsterers aus der Nachbarschaft als Spezialanfertigung das alles ergänzte. Endlich ein Möbel, auf dem man nicht gesessen wurde, und Sitzen auch keine rückgratgestützte Selbstdarstellung für irgendwelche Konversation war, wie auf dem anderen Gestühl, sondern etwas, wo man sich tatsächlich bequem hinein lümmeln und bei langweiligem Fernsehprogramm sogar wegschlafen konnte. Der Sessel war billig gewesen, aber die Schäfern hatte trotzdem nicht angebissen, dem Polsterer mehr entgegenzukommen. Der hätte ihn ihr wohl gegen speziellen Naturalaustausch auch umsonst gelassen, wäre wohl sogar bereit gewesen, mit ihr zusammen zu wohnen mit allem, was bei einem Ehepaar dazu gehört, auch der Ehemann zu sein. Aber die Schäfern hatte wohl schon verdrängt, wie das mit einem Mann im Bett sein könnte, obwohl sie noch ein ziemlich strammes Weibsbild war. Sie wollte nicht mehr. Das jedenfalls nicht mehr, wie sie unter der Hand verlauten ließ, obwohl an der verschämten Art, wie sie das von sich gab, erkennbar war, dass sich bei der Schäfern etwas verklemmt haben musste, was sie nicht wahr haben wollte.

Mit der näheren Wohnumgebung, den Häuslerfrauen und Kriegswitwen sowie anderen Umsiedlern kam es mit den Jahren aber doch zu engeren Sozialkontakten. Die Schäfern war wohl allein, aber eben nicht einsam. Langsam wurde der Strand, auf dem sie die Brandung der Weltgeschichte angespült hatte, zu Heimat der Schäfern.

Ab und zu ein Kaffeeklatsch beim selbstgebackenem Kuchen, mal ein Gegenbesuch. Jeder richtet sich mit seiner Umwelt so ein, wie er das kann und wie sie es zulässt. Da waren Routinen im Begriff, sich einzulaufen und wenn es nur die unwichtigsten Sachen waren. So hatte die Schäfern auch Freundschaft mit einer Frau geschlossen, die berufsbedingt immer von Haus zu Haus und von Familie zu Familie unterwegs war.

Sie hieß zwar Hempel, aber hinter dem Rücken hieß sie bei allen nur „De Maahlfraa" (Die Mehlfrau). Die Hempeln wusste alles über alle und jeden und brachte ihr Wissen natürlich unter die Leute, ob die es hören wollten oder nicht. „De

Maahlfraa" war in dieser Gegend traditionell die Bezeichnung für eine klatschhafte Händlerin gewesen, die früher mit einem Wägelchen auf den Dörfern der Umgebung von Tür zu Tür gezogen war, um etwas zu verkaufen. Diese hier zog auch von Haus zu Haus, handelte zwar nicht mehr mit Mehl, sondern kassierte die Versicherungsbeiträge für die Staatliche Versicherung, und das öffnete ihr automatisch alle Türen. Versicherung gab es in der DDR nur die eine und für dieses Nest war die Hempeln als Vertreterin zuständig. Man konnte sie eigentlich nicht richtig leiden, erfuhr aber andererseits von ihr mehr als von anderen, auch wenn man dafür manchmal etwas mehr von sich preis geben musste, als einem lieb war.

Das lief dann so ab, dass sie sich jedesmal in der jeweiligen Putzstube der betreffenden Familie auf eine längere Belagerung einrichtete, indem sie ihre Versicherungsunterlagen auszupacken und auszubreiten begann. Umständlich wurde ermittelt, wie viel diesmal und auch wofür zu bezahlen war. Die entsprechenden Marken wurden herausgesucht und auf die entsprechenden Nachweise geklebt. Alles kam auf Karteikarten. Einmal für die Versicherung und einmal für den Versicherten. Dann kam noch der Datumsstempel darauf und zum Schluss noch die Unterschrift als Beweis für die Zahlung auf jede Marke. Geld wurde gesucht, gewechselt und vereinnahmt. Zeit genug, mit den Anwesenden, also meistens den Frauen, allen möglichen Klatsch auszuwalzen und vor allem, um Werbung für weitere Versicherungen zu machen. Ordentlich war sie in dieser Beziehung schon, die Hempeln.

Sie war aber auch geschäftstüchtig. Es kam, wie es kommen musste. Sie hatte der Schäfern vor Jahren eine, wenn auch ganz winzige Lebensversicherung aufgeschwatzt. Das hatte lange nicht geklappt, aber da die Schäfern alleinstehend war, schien es gut, wenigstens soweit vorzusorgen, dass am

Ende wenigstens Sterbegeld da wäre. Bei Unfall sogar sofort. Anständig beerdigt werden, das wollte die Schäfern schon, falls ihr mal etwas zu passieren drohte. Das lief so ein paar Jährchen. Zehn Jahre sind nicht lang, und als die Lebensversicherung ausgezahlt wurde, kam das Geld gerade richtig für die Anschaffung eines Fernsehers.

Als dann der Fernseher von der Lebensversicherung in der Putzstube stand, setzte die Hempeln zur nächsten Attacke an und begann die Schäfer-Festung mit dem Angebot zu belagern, wie gut doch der Abschluss einer Haushaltsversicherung wäre. Da wollte die Schäfern wissen, wie viel die kostet und wann die ausgezahlt würde.

Sie würde nicht ausgezahlt. Das war schon mal nicht so gut. Aaaber, - angenommen, ein Stehledieb würde den Fernseher mausen, dann wäre der versichert. Da lachte die Schäfern sie aus, weil man doch gleich wüsste, wo der wäre. Die Polizei brächte den wieder. Wenn da einer Fernsehen anschaut und den Apparat nicht anmeldet, den hätten sie doch sofort. So viele Fernseher gäbe es doch gar nicht im Dorf. Wenn schon nicht die Antenne, schon der Zulauf an Zuschauern würde das verraten. Das stimmte. Fernseher mausen, das kam nicht vor. Das wäre genau so, hatte die Schäfern behauptet, als wollte man dem Rattel-Fritz die Karnickel stehlen. Solche Schecken, wie der sie zog, gab es weit und breit nicht wieder. Jeder hätte gewusst, wo die her wären. Die Hempeln zog unverrichteter Dinge ab, aber sie gab nicht auf.

Sie versuchte es beim nächsten Mal, als sie die Brandkasse kassieren kam, denn die alte Häuslermutter war gestorben und deren inzwischen alle in Städte abgewanderten Kinder hatten das geerbte Haus, weil schon etwas baufällig, der Schäfern verkauft. Es war billiger gewesen als der Fernseher. DDR-Verhältnisse eben. Die Hempeln hatte immer wieder auf Granit gebissen und auch die Vorstellung, dass schließlich auch die Waschmaschine, die Schleuder, eventuell sogar das Fahrrad gestohlen werden könnten, hatten lange nichts gefruchtet. Die Schäfern war aber nach dieser andauernden Zeit der Belagerung doch ziemlich mürbe gequatscht, also sturmreif.

Die Schäfern wohnte nun allein da und plötzlich im Besitz von etwas, war sie sich nicht mehr so sicher, dass sie vor Stehledieben sicher wäre. Da spielt es keine Rolle, ob etwas zum Mausen da ist, Besitz, den man nicht mit einem Blick überschauen kann, gebiert Besitzerstolz und der bringt den Drang nach der Sicherung mit sich. Solange noch jemand mit da wohnt, der einem bei der Verteidigung helfen kann, ist das nicht so schlimm, aber so ganz auf sich allein gestellt ... Die alte Häuslermutter hatte Haare auf den Zähnen gehabt und wie der Volksmund so sagt: *Ein böses Weib ist der beste Zaun um ein Haus.* Die war aber jetzt tot.

So kam es zu einem letzten Treffen mit der Hempeln. Die Schäfern brauchte nur noch einen Hinweis, der sie ihr Gesicht wahren ließ, wenn sie der Versicherung zustimmte, und die Hempeln spürte, dass, wenn sie noch einmal am richtigen Punkt ansetzte, das Geschäft gelaufen war.

Wie das Leben so spielt: Sie sitzen beide beim „Schälchen Heeßn" in der Putzstube und mitten im schönsten Geplauder über die neuesten Dorfpikanterien schlägt die Stutzuhr.

Das Ding leiert sein: „Üb' immer Treu und Redlichkeit" daher. Die Hempeln sperrt Augen und Ohren auf und sagt etwas in der Art von „sehr schöne wertvolle Uhr" und weil sie gerade davon gesprochen hatten, dass der Schneider-Sepp vorige Woche noch über hundert Mark für sein altes verrostetes Fahrrad, welches man ihm gemaust hatte, von der Versicherung gekriegt hatte, hängt sie noch hintendran etwas von dem Schaden, wenn die schöne Uhr unversichert geklaut würde. Von dem Tag an besaß die Schäfern endlich eine richtige Haushaltsversicherung gegen Einbruch, Diebstahl, Raub und Hochwasser, Blitzschlag und Unwetter. Das war eine runde Sache und wenn sie beweisen könnte, dass sie ihr Fahrrad angeschlossen gehabt hätte, bekäme sie auch das im Diebstahlsfall ersetzt. Beim Fernseher war das noch einfacher. Der wurde auch ersetzt, wenn er nicht angeschlossen war, also nicht mit Kette und Schloss gesichert.

Es hing auch noch eine private Haftpflicht mit an dieser Versicherung dran, so dass die Schäfern sogar einmal, als sie damit bei anderen damit Werbung machte, behauptete, dass im Falle sie hier etwas zufällig entzweibrechen würde, das dem Besitzer von ihrer Versicherung ersetzt würde.

Nachdem sie dann jemandem, von dem sie so etwas nie gedacht hätte, ein rohseidenes Kostüm ersetzen sollte, weil sie, ausgerechnet sie, die Schäfern der da angeblich einen nicht entfernbaren Fleck hineingemacht haben sollte, legte sich diese Euphorie. Die Versicherung, auch wenn sie staatlich ist, kassiert zwar gern Beiträge, zahlt aber sehr selten sofort, und gern schon überhaupt nicht, und über der Wartezeit zwischen Anschuldigung und Auszahlung der Schadenssumme ging eine lange Freundschaft zwischen zwei Frauen entzwei. Nichts ist eben umsonst und es hält auch nicht ewig.

Die Schäfern war jedenfalls versichert, die Hempeln kassierte und das lief so mehrere Jahre. Der Hempeln fiel mit der Zeit das Herumgehen schon schwer. Ihre Tochter übernahm das mit der Versicherungskassiererei. Die sah aufs Geld, und dass sie es schnell rein bekam. Die sah mehr aufs Geschäft, als auf soziale Kontaktpflege, was ihr manche Sachen sehr erleichterte, denn wenn man nicht so dicke befreundet ist, spricht es sich auch viel besser aus, dass die Versicherung immer dann nicht zuständig ist, wenn man es am nötigsten hätte. So blieb das Breitbringen des Dorfklatsches weiter an der alten Hempeln hängen, nur dass sie jetzt seltener kam, dafür aber meist länger blieb.

Die Schäfern ging dann auch in Rente, als sie Sechzig geworden war, arbeitete aber noch einige Zeit halbe Tage weiter. Sie bekam ja so doppelt Geld, obwohl, wenn man es richtig betrachtete, war es erstmalig in ihrem Leben, dass sie bei den herrschenden Löhnen tatsächlich etwas Geld übrig hatte und etwas zum Sparen kam. Sonst hatte es immer nur gerade so gelangt. Schließlich hörte sie mit dem Arbeiten ganz auf.

Ganz alleine wohnt es sich auch ziemlich einsam und so schaffte sich die Schäfern eine Katze an. Das war ein süßes kleines Ding, etwas über ein halbes Jahr alt und noch sehr verspielt, aber eben sehr zutraulich und süß. Die Hempeln hatte sie ihr vom anderen Ende des Dorfes aus einem Wurf versorgt, der noch ziemlich wild war, weil bei einer Bauernfamilie die alte Katze eingedenk der hohen Sterblichkeit ihrer sonstigen Würfe diesmal ganz hinten in einer Scheune gehekt hatte, wo man nicht hinkam und die Jungen, als sie sie endlich anbrachte, schon zu groß waren, um noch ersäuft zu werden, wie das üblicherweise auf dem Dorf gemacht wird. Das sind ergiebige Themen für Konversation. Endlose Weiten der Kommunikation ...

Und da passierte die Sache mit der Explosion. Die Hempeln ist wieder einmal da, um nach dem Rechten zu schauen. Man sitzt gemütlich auf dem Sofa und auf dem Tisch das Kaffeegeschirr und der Kuchen. Die Katze hat ein Wollknäuel und treibt das munter durch die Stube der Schäfern. Die Hempeln lockt die Katze an sich und wedelt mit der Kordel von der Stehlampe, worauf Mietz sich auf die Hinterbeine stellt und nach der Quaste zu haschen beginnt. Sie spielen ein Weilchen und am Ende haut die Katze ab, weil sie es satt hat, mit der Quaste zu spielen. Im Fernseher läuft ein buntes Nachmittagsprogramm in Schwarz-Weiß, mit Volksmusik und Pionierliedern, dazu Geburtstagsglückwünsche nach Hörerentwürfen. So wie das die Petra Kusch-Lück noch sehr lange gemacht hat, ehe es die Zuschauer satt bekamen. Oder war das die Carmen Nebel? Egal, Sie wissen schon, was ich meine.

Auf einmal gibt es erst ein leichtes Scheppern, gefolgt von etwas Plätschern was mit dem Geräusch endete, als zerbreche ein Glas. Das kam zwar aus der Richtung des Fernsehers, gehörte aber wohl nicht mit zum Programm. Gleich darauf gab es nämlich eine Explosion. Ein Riesenknall, im Nu die ganze Stube schwarz, alles voller Ruß und Scherben, und das Fernsehen war auch aus. Die Katze schrie zuerst.

Jetzt muss ich noch etwas erklären. Alleinstehenden älteren Damen ist eigentümlich, dass sie auf jeden waagerechten freien Fleck in ihrer Wohnung ein Spitzendeckchen zu legen bestrebt sind, darauf eine Vase stellen und in die Vase einen Blumenstrauß, der aber natürlich im Wasser stehen muss.

So auch hier. Das Deckchen hatte aber auf dem Fernseher gelegen und hatte außer Spitzenhäkelei auch noch Quasten gehabt. Nach einer dieser Quasten hatte jedenfalls die Mietz geangelt, hatte das Deckchen erbeutet, worauf die darauf stehende Vase nach hinten umkippte, die Blumen abwarf, das Wasser hinten in den damals noch als Röhren-Fernseher gebauten Apparat schüttete, anschließend herunterfiel und zerbrach.

Fernsehapparat und Wasser. Der Gutachter hatte gesagt, dass es dabei zu etwas gekommen wäre, was man „Implosion" nennt. Davon war aber der Schäfern nicht geholfen, denn ihre Stube war ruiniert. Nicht nur die Gardinen, auch die Wände waren renovierungsbedürftig. Der Hempeln ihr Kleid war auch hinüber, aber das bezahlte ja die Haftpflicht-

Versicherung der Schäfern. Krach gab es, als die Schäfern auch ihren Schaden auch von der Versicherung beglichen haben wollte. Ihr eigener Kram war nach Aussage des Gutachters der Versicherung vor ihrer eigenen Zerstörungswut nicht geschützt.

Es gab Stunk. Die Schäfern behauptete, dass das nie passiert wäre, wenn die Hempeln nicht die Katze auf das Haschen nach Quasten abzurichten versucht hätte. Außerdem hätte die Hempeln ihr die Katze angeschafft. Den Schaden hätte also die Versicherung der Hempel zu begleichen. Die hatte aber schon ihr Kleid zumindest finanziell erstattet bekommen. Da stand die Schäfern als Verursacherin schon mal fest. Da konnte doch nicht die Hempel gleichzeitig für den anderen Schaden haftbar gemacht werden, den die Schäfern erlitten hatte, zumal die Katze ein Geschenk gewesen sei, und kein der Schäfern verkaufter Gegenstand, für dessen mangelhafte Funktion man die Hempeln in Haftung nehmen konnte.

Es hat lange gedauert, bis man endlich der Schäfern begreiflich gemacht hatte, dass man eben keine mit Wasser gefüllte Blumenvase auf den Fernseher stellen darf. Selbst in der DDR brauchte es dazu ein Grundsatzurteil, und das lag der Versicherung schon vor. Es besagte, dass man ausgerechnet ganz speziell genau das mit dem „Blumenvase-auf-den-Fernseher-stellen" nicht darf und das deshalb die Haftung der Versicherung automatisch ausschloss. Es hatte schon zu viele solcher Fälle gegeben. Die Freundschaft der Schäfern mit der Hempel ging darüber in die Brüche. Man grüßte sich wohl noch, aber das war dann schon alles.

Merke: Über die Versicherung kommt es zu den meisten Zerwürfnissen.

Die Stutzuhr brauchte nach der Explosion ein neues Glas für das Zifferblatt und schlug auch nur noch zögerlich. Der

Vater hatte zwar die Melodie der Spieluhr als Mozartmelodie bezeichnet, weil doch in der „Zauberflöte" das Lied vorkommt: *„Ein Mädchen oder Wa-ha-ha-hib-chen, wünscht Papageno sich ..."* wofür Mozart die gleichen Noten verwendet hatte wie für das andere Lied. Jetzt kam es nur noch ziemlich ängstlich herbei gezittert und war wohl doch nur: *„...Treu' und Redlichkeit ..."* Die Uhrenversicherung hatte jedenfalls nicht ganz gehalten, was sie versprochen hatte. Eigenbeschädigung ist etwas anderes als Fremdbeschädigung.

Die Jahre gingen ins Land und die Wende kam und sie ging vorüber. Ehe sich die Schäfern versah, war sie ohne sich vom Fleck gerührt zu haben, plötzlich mit allen anderen auch im Westen angekommen. Die Rente hatte man ihr vorher als Abschiedsgeschenk der DDR schnell noch etwas erhöht, aber die Westgeldrente war doch schon etwas anderes. Der DDR weinte die Schäfern keine Träne nach.

Sie war aber nun schon zu alt, um noch groß in der Welt herumzureisen. Früher hatte sie kein Geld dafür gehabt, dann war sie nicht rausgekommen, nicht nur wegen der Mauer, sondern auch mangels Interesse und jetzt war es ihr zu beschwerlich. Mal mit dem Busunternehmen nach Hof oder auch Bayreuth zum Einkaufen, es taten ihr aber hinterher die Beine tüchtig weh von der Rennerei durch die neuen Konsumtempel. Bis Nürnberg oder sogar München hat sie sich nicht mehr getraut mitzufahren. Es ging nicht mehr.

Das mit der amtlichen Verwaltung ging trotz Revolution und Wende weiter, selbst das mit der Versicherung, auch wenn jetzt andere Leute das machten und sich manches anders nannte. Eines Tages kam bei der Schäfern ein junger Mann aus dem Westen vorbei, sagte ihr, dass er von der Versicherung wäre, von jetzt alles die „Allianz" macht, er der „Generalvertreter" für das Dorf sei, und dass sie schriftlich

Bescheid kriegt. Das brachte zwar dann alles die Tochter der Hempel, zu ihr, die das zuletzt immer noch gemacht hatte, und ließ sie die Vertragsüberleitungen unterschreiben. Sie sagte der Schäfern auch, sie wäre nun nicht mehr bei der Versicherung angestellt. Wenn etwas wäre, müsse die Schäfern sich nun da melden, wo der neue Generalvertreter säße, und der hätte sein Büro in der Stadt. Die Adresse stand mit in dem Überleitungsvertrag. Von dem Tage an kamen dann nur noch Zahlungsbescheide mit der Post, auf denen die Schäfer nur noch zu unterschreiben brauchte und die unterschriebenen Zettel gab sie anschließend bei der Sparkasse ab. Die buchten es von ihrem Konto ab, auf das die staatliche Rentenversicherung auch die Rente zahlte. Die Versicherung hatte das mit der Kassierung für den Hausrat der Schäfern auf Selbstbedienung umgestellt.

So schlau war die Schäfer, dass sie sich nichts im Lastschriftverfahren abbuchen ließ, denn da hatte sie schon früher sehr schlechte Erfahrungen mit der Wasserwirtschaft gemacht, die sich einmal um eine Kommastelle zu Ungunsten der Schäfern bei der Abbuchung versehen hatte und dann das somit ergaunerte Geld nicht wieder herausrücken wollte. Da hatte der Kubikmeter Wasser zwar noch fünfzig Pfennige gekostet, aber das war schon früher sehr übel gewesen, ehe sie das zu viel abgebuchte Geld wieder hatte, aber jetzt, wo es um Westgeld ging und das Wasser so teuer geworden war ...

Die dämliche „Uhrversicherung" bekam sie nicht los, wehrte sich aber lange erfolgreich gegen die Zumutung, den Versicherungswert erhöhen zu lassen, weil sie auf diesbezügliche Werbebriefe der Allianz nicht reagierte und wohl auch zu weit weg vom nächsten Versicherungsvertreter wohnte, um besucht zu werden. Es reichte ihr schon, jetzt alles für Westgeld versichern zu müssen, was sie sich im Osten für Ostgeld angeschafft hatte. Als sie sich nach einiger Zeit daran gewöhnt hatte, dass das Warenangebot sehr viel umfangreicher geworden war, begann sie nach einer kurzen Zeit des Ausprobierens wieder sparsamer zu werden, indem sie gezielt nur ganz wenig und auch stets nur immer wieder dasselbe kaufte, unabhängig von der ganzen Schnäppchenwerbung. Es war ihr aufgefallen, dass jetzt alles ganz anders und bunter eingepackt war, aber oft war sie enttäuscht von dem, was dann in der Verpackung drin war.

Sie fand, dass der Westen auch nicht mehr das war, was sie früher gedacht hatte, als sie ihn nur verflimmert im Fernseher sehen konnte. Ihr Leben verlief in geregelten Bahnen. Um sie toste die weite Welt. Alle hatten jetzt plötzlich Westautos, die fuhren viel leiser und viel schneller, das hatte sie zu spüren bekommen, denn eins von den neuen Autos hatte ihr die Katze totgefahren, die wohl auch mehr an das laute Geknatter der Mopeds, Trabanten und Wartburgs auf der Straße gewöhnt gewesen war. Diese Katze hatte sich bei ihr ganz gut eingelebt gehabt. Die Schäfern hatte ihr jedenfalls die Sache mit dem Fernseher verziehen und ließ sie auch ab und zu mit in ihrem Bett schlafen. Braucht doch niemand zu wissen. So ein Tier ist schließlich auch nur ein Mensch. Ärgerlich war nur immer die Ranzzeit der Katze. Da war dem Tier mit Vernunftgründen nicht beizukommen, sogar Einsperren half nichts. Einmal draußen und schon war alles Aufpassen umsonst gewesen. Als die Hempeln, die sich auch von niemandem in ihren Gewohnheiten abbringen ließ, mal wieder bei der Schäfern am Gartenzaun vorbei schaute, die ihr um die Beine streichende schon wieder einmal sehr mollige Katze lobte und schätzte, dass der Nächste Wurf nicht unter vier Kätzchen liegen würde, klagte ihr die Schäfern ihr Leid: *„Ä eenzsches Maa isse mir dos Friejahr entwischt, dos treibsche Luder, unn schunn hot se wiedor enn*

Ranz'n dranne. Wär sull mir denne dann wieder die Kleen'n totmach'n. Ich konn's bale ni meeh...!"

Mietze war eben sehr fruchtbar. Diese Sorge hatte sich nun durch den Wechsel der Automode erledigt. Obwohl sie ihr fehlte, sich eine neue Katze zuzulegen, lehnte sie mit der Begründung ab: *„Die iewerläbt mich doch. Da misst' se dach ins Dierheim. Das wär' mir nischd."* Aber sonst fühlte die Schäfern sich in der neuen Zeit wohl und auch sicher.

In der Tageszeitung fehlten zwar jetzt die Bilder vom Honecker und es wurden auch keine langen Parteitagsreden mehr abgedruckt. Auf der Kreisseite standen immer noch die Geburtstage von denen über 75 und auch die Öffnungszeiten vom Doktor, wann die Apotheke auf hat und wer tierärztlichen Notdienst hatte. Die Leute schickten weiter Bilder von besonders komisch gewachsenem Gemüse zur Veröffentlichung ein und auch, dass es zum Feuerwehrvergnügen wieder hoch her gegangen war, stand da. Nur mit der Werbung, damit kam die Schäfern nicht zurecht.

Täglich war ihr Briefkasten voll Angebote der Supermärkte in den umliegenden Städten, wo sie nicht mehr hinkam. Sie hätte schon gern da gekauft, aber wie rankommen. Mit der Zeit entwickelte sie einen Widerwillen gegen die Werbung, sortierte sie von der Post und schmiss sie ungelesen in die Mülltonne.

Das war auch etwas, was sie nicht begriff. Früher gab es für das Kilo Altpapier 25 Pfennige bei der SERO-Annahmestelle. Da war Papier knapp. Jetzt schmissen sie einen damit förmlich zu, und es gab nichts dafür. Im Gegenteil, man sollte noch froh sein, dass sie einem das Altpapier kostenlos abnahmen.

Die Schäfern ging dazu über, den jungen Leuten mit dem Stock zu drohen, den sie neuerdings brauchte und als Gehhilfe benutzte, wenn die ihr Werbezettel in den Briefkasten werfen wollten. Die Schäfern begann in den Augen ihrer Umwelt langsam wunderlich zu werden.

Die Kinder der Häusler meldeten sich wieder. Sie wollten das Haus zurückkaufen. Sie boten in Westgeld, was die Schäfern ihnen als Ostgeld gezahlt hatte. Sie bekam auf Wunsch kostenloses Wohnrecht auf Lebenszeit zugesichert und verkaufte das Haus wieder zurück. Sie ging davon aus, dass sie es sowieso nicht mitnehmen könnte, wenn sie mal stirbt und was jetzt mit den Boden- und Häuserpreisen los war, begriff sie nicht mehr. Sie sah nur, dass sie jetzt weiter da wohnen durfte, den Kaufpreis zurückbekam und weder Grundsteuer noch Brandkasse zu bezahlen brauchte. Es half ihr wirtschaften.

Die Jahre gingen weiter ins Land. Die Schäfern las alle Tage ihre Zeitung, häckelte etwas im Garten in den Beeten herum und schaute Fernsehen. Neuerdings in Bunt. Das lag daran, dass sie nun einen Farbfernseher hatte. Die waren jetzt sogar billiger als der letzte Schwarz-Weiße aus dem Osten. Manchmal spielte sie wieder mal Lotto. Die Westlottozahlen waren jetzt zwar auch in bunt, aber gewinnen tat die Schäfern auch im Westen nichts. Da hatte sich zu früher nichts geändert.

Zum Einkaufen fuhren die Leute jetzt in irgendwelche Supermärkte, wo alles billiger war, als beim Konsum, der jetzt privat war. Sie hatte sich einmal mitnehmen lassen, aber es hatte ihr nicht gefallen. Man wusste nicht, wie viel Benzingeld man geben sollte und fand auch das Auto schlecht wieder, mit dem man sie mitgenommen hatte. Autos gab es zu viele, auch zu viele Sorten, aber sie sahen eigentlich alle ziemlich gleich aus. Die Schäfern schrieb von da an Zettel und gab Geld mit. Man brachte ihr das mit, was es gab. Sie war genügsam. Das mit dem Wasser und dem Strom wurde kompliziert. Man sollte jetzt selbst ablesen und sie machten es einem billiger, wenn man abbuchen ließ. Wie das ganze Land wurde auch die Schäfern auf automatische Abbuchung und Selbstbedienung der Institutionen umgestellt. Das mit der vierteljährlichen Einzahlung der Grundsteuer war weggefallen mit dem Rückkauf des Hauses durch die Erben, damit auch die jährliche Zahlung der Brandkasse. Als einzige Zahlungsverbindlichkeit bestand nun nur noch die jährliche Haushaltsversicherung, die nicht automatisiert war.

Die Schäfer wurde, wie schon erwähnt, da im Zuge der Vereinfachung neuerdings von jemand aus der Bezirksstadt betreut, von dem sie nur wusste, dass er auch wieder ein „Generalvertreter" war, wie die anderen Versicherungsmenschen auch alle. Das lag dreißig Kilometer weit weg.

Das mit der Werbung nahm weiter zu, so dass die Schäfern schon daran dachte, sich einen größeren Briefkasten zuzulegen. Das tat sie dann aber doch nicht, sondern packte, als sie genug von der Sortiererei hatte, alles, was ihr an Papierkram zulief und schmiss es in die neue jetzt schon größere Papiertonne vom Kreis, die sie gleich neben die Haustür stellte. Da ihr sowieso keiner schrieb, außer denen, die plötzlich irgendwelche Telefone verschenkten oder ihr mitteilten, dass sie wieder einmal ein großes Auto gewonnen hätte, wenn sie irgendwelchen Schnickschnack da bestellte.

Sowieso alles Betrüger, sagten die Leute. Die Schäfern glaubte es ihnen und sagte auch ganz laut vor dem Fernseher zu den Leuten im Fernseher: *„Vun eich koofe ich sowieso nischt."* Sie wollte das alles nicht, was sie an Papier bekam und schmiss es ungelesen weg. Und dabei muss auch der Brief mit der Zahlungsaufforderung samt Gutschriftträger für die jährliche Haushaltsversicherung unbeabsichtigt mit ins Altpapier geraten sein. Das hatte erst einmal keine Folgen. Dann bekam sie einen Drohbrief von der Allianz, den sie nur zufällig beim Papierausmisten fand, weil er herunterfiel, den sie nicht verstand. Sie schmiss ihn weg. Sie ließ sich nicht bedrohen, schon gar nicht von einem Brief. Sie hatte schließlich keinem etwas getan.

Nach einem halben Jahr kam ein brauner Brief, der sehr amtlich aussah, aber solches Zeug, in dem sogar mal ein Kfz-Brief-Muster für ein zu gewinnendes Auto gesteckt hatte, kannte sie schon. Da kann viel von wegen Amtsgericht Nürnberg draufstehen. Da fiel sie nicht darauf herein. Nürnberg lag in Bayern und mit denen hatte sie nichts zu tun. Sie steckte den Brief vorsichtshalber in den Briefkasten der Post. Sollten die sehen, was sie mit dem Irrläufer anstellten. Nach zwei Tagen lag der Brief wieder in ihrem Briefkasten. Sie wollten das nicht, na dann eben nicht. Sie schaute hinein und da stand etwas von „Hauptforderung", „Nebenforderung" und „Nebenkosten". Viel Geld war das nicht, aber sie wollten es haben. Vom „Antragsgegner". Es war da eine Telefonnummer angegeben, aber die Schäfer hatte kein Telefon. Mit wem hätte sie sich unterhalten sollen. Die Leute, die sie kannte, wohnten ganz in der Nähe. Sie fragte auch keinen, nachdem sie mitbekommen hatte, dass selbst die jungen Leute nicht wussten, wie das heutzutage mit den Ämtern alles lief.

Eines Tages hielt ein dickes West-Auto vor dem Vorgartentürchen des Hauses, in dem die Schäfer wohnte und ein Mann mit dicker Aktentasche schwarzem Anzug und wehendem Staubmantel wollte ins Haus. Die Schäfern kannte diese Leute. Vertreter hießen die und wollten vergoldete Essbestecks oder Lederjacken verkaufen. Auch mit Teppichen waren welche da gewesen. Vor denen war sie gewarnt. Die Schäfer reagierte nicht auf Klingeln und Klopfen, machte auch nicht auf und der Vertreter ging nach einer Weile wieder.

Nach ein paar Tagen war er wieder da und schlug kräftig gegen die Tür, nachdem er lange vergeblich geklingelt hatte. Er rief auch durch die Tür, dass er wisse, dass sie da sei. Die Nachbarn hätten es ihm versichert. Die Schäfer stieg, wenn auch mühsam, die Treppe hinauf und schaute aus dem oberen Flurfenster. Sie drohte mit der Polizei, wenn er nicht verschwände. Das wirkte endlich. Der Kerl verschwand, aber er kam wieder. Er hatte sich einen jungen Mann mitgebracht, der sich jetzt an ihrer Haustür zu schaffen machte. Der schwarze Flattermann mit seiner dicken Tasche tönte irgendetwas, was nicht zu verstehen war, die Schäfern wollte sich nichts gefallen lassen, schrie um Hilfe und kippte aus dem Flurfenster ihren Nachttopf über den beiden vor der Haustür aus, was zu weiteren Verwicklungen führte.

Es kamen Nachbarn herzu, um nachzusehen, was da los wäre. Die Schäfern kreischte wie eine Furie, weil sie sich überfallen glaubte, und in dem Moment traf endlich etwas verspätet der Bürgerpolizist ein, der sich bei dem Flattermann entschuldigte, dass er sich verspätet hätte und überhaupt nicht daran dachte, der Schäfern zu helfen, damit der offizielle Rechtsfrieden wieder hergestellt würde.

Statt ihr Ruhe zu verschaffen, schleppte ihr der Polizist den Vertreter mit ins Haus, wo der verlangte, sich erst einmal etwas reinigen zu dürfen. Zum Glück hatte es nur seinen Mantel erwischt, als der Nachttopfschwall herunterkam. Der Schlosser, der in dem Moment gerade die Tür offen hatte, hatte mehr abgekriegt. Der war gleich zum Hofbrunnen gerannt und hatte sich einen Eimer Wasser über den Kopf geschüttet.

Die anschließend vorgenommenen Amtshandlungen sind schnell erklärt. Der Polizist erklärte die Vorgehensweise des Gerichtsvollziehers als durchaus angemessen, verbot der

Schäfern jede weitere Tätlichkeiten und nahm der Ordnung halber ein Protokoll auf. Der als Vertreter missverstandene Gerichtsvollzieher legte die Sachlage dar, dass er zwecks Eintreibung des letzten Jahresbeitrages der Haushaltsversicherung im Falle der Zahlungsunfähigkeit eine Pfändung vornehmen müsse. Die Schäfern hatte kein Geld im Hause, wies ihr leeres Portmonee vor und stellte sich nun stur. Das beeindruckte den Gerichtsvollzieher jedoch überhaupt nicht. Noch einmal käme er wegen dieser Bagatelle nicht aus der Stadt hierher. Er sah sich die Räumlichkeiten im Erdgeschoss an und als er in die Stube kam, stellte sich die Schäfern zwar vor den Fernseher, damit er ihn nicht gleich sähe, aber der Amtsdiener ging nur quer durch die Stube und ehe sich die Schäfern versah, hatte er ihr unwiderruflich die Stutzuhr ihrer Urgroßeltern gepfändet.

Das mit dem Nachttopf hätte noch ein Nachspiel, sagte der Bürgerpolizist, der diesen Raub der Uhr auch noch amtlich deckte, und die Schäfern sollte sich nicht sehr darauf verlassen, dass die Allianz über die Haushaltsversicherung den angerichteten Schaden reguliere. Hier sei wohl die Vorsätzlichkeit des angerichteten Unheils zu offensichtlich. Dann gingen sie alle wieder.

Die Schäfern verstand die Welt nicht mehr. Sie hatte sich wegen der Uhr damals diese Versicherung andrehen lassen und glaubte sich haftpflichtversichert sowie gegen Einbruch Diebstahl und Raub gesichert. Jetzt hatte ihr die Versicherung einen Menschen auf den Hals gehetzt, der bei ihr am helllichten Tag einbrechen ließ und anschließend die Uhr pfändete. Und der Bürgerpolizist stand dabei und half diesen Ganoven auch noch, statt sie einzusperren. Nicht einmal die Haftpflicht half ihr jetzt. Langsam begann sie zu begreifen, dass das mit dem neuen Rechtsstaat auch nicht so toll sein konnte.

Eins war sicher. Zu DDR-Zeiten hätte es so etwas nicht gegeben. Da hätte ihr der ABV von der Volkspolizei bestimmt geholfen. Da war sie sich ganz sicher. Beinahe hätte sie eine Eingabe an den Staatsrat geschrieben, aber es fiel ihr noch rechtzeitig ein, dass Honecker schon gestorben war und den neuen kannte sie noch nicht. Vielleicht könnte ihr die Hempeln helfen oder wenigstens einen Rat geben, wenn sie das nächste Mal vorbeikam. CDU würde sie jedenfalls nicht wieder wählen. Da waren ihr plötzlich diese Kommunisten von früher doch lieber.

Dann fiel ihr aber plötzlich die Sache mit dem Fernseher und der Katze wieder ein. Es würde keinen Zweck haben, die Kommunisten wieder an die Macht zu bringen. Damals hatten die sie schließlich auch auf ihrem Schaden sitzen lassen. Es war schon ein Kreuz mit der Versicherung. Immer dann, wenn man sie brauchte, war sie nicht zuständig. Damals nicht und heute auch nicht. Das war wohl das einzig Verlässliche zu allen Zeiten.

Matze im Glück

(Wie das mit der Wende plötzlich ganz anders kommen kann und einem das Glück trotzdem treu bleibt)

Matze hatte immer Glück gehabt in seinem Leben. Seine Mutter, damals noch ein lediges Mädchen, gerade an der Grenze zur Volljährigkeit, hatte ihn zwar in den Wirren der Nachkriegszeit gekriegt, als die Russen noch da waren, war aber dann abgehauen, fort in den Westen. Den „Matze", der noch zu klein war, um zu begreifen, was passierte, hatte sie ihrer Mutter dagelassen.

Den Großvater hatte zuletzt noch der „Heldenklau" zu fassen gekriegt. Der war noch zum Volkssturm eingezogen worden, hatte sich da verkühlt und dabei den Tod geholt. Die Großmutter hatte ihn noch gepflegt und als er starb, konnte sie sich von da an ihrem von der Tochter dagelassenen Enkel besser zuwenden und hatte den großgezogen.

Da hatte er nicht viel strenge Erziehung abgekriegt, war ein bisschen ein Träumer geblieben und den Spitznamen Matze hatte er aus den ersten Kindertagen bis ins Erwachsenenalter herübergerettet und er würde ihn auch nicht mehr loswerden, wenn er hier wohnen bliebe, so alt er auch werden würde. Als er dann aus der Schule kam, die Starkstromelektrikerlehre hinter sich gebracht hatte und auf Montage ging, war er fleißig und da brachte das auch richtig Geld. Immer ein bissel verwöhnt hatte er sehr lange an Omas Schürzenzipfel gehangen und lieber alleine gespielt, als sich mit anderen herumzutreiben und auch herum zu prügeln. Schon der Spitzname hatte ihn davor behütet, dass ihn die Mädchen wahrnahmen und er hätte noch lange bei seiner Großmutter hausen können, wenn die nicht plötzlich auch gestorben wäre. Seine Mutter war wer weiß wo im Westen, da verheiratet und ihm fremd. Plötzlich war er allein und auch ziemlich hilflos, was die häusliche Ordnung der Wirtschaft und das Versorgtwerden im Alltag so anbelangt. Aber auch da kam ihm der Zufall zu Hilfe.

Er lernte ziemlich schnell die schöne Anja kennen, die sich früher nie um ihn gekümmert hatte. Kaum sich etwas näher gekommen, ging alles gleich Hals über Kopf. Sie heiratete ihn sofort und sie hatten auch gleich ein Kind, ein Mädchen. Das kam zwar zu früh, war aber schon so robust, als wäre es schon neun Monate in Muttis Bauch gewesen. Es war jedenfalls gesund und die beiden Eltern auch. Plötzlich hatte Matze wieder eine Familie.

Er war auf Montage und sein Frauchen richtete sich in der alten Bruchbude, dem von der Großmutter hinterlassenem Fachwerkhaus am Bach ganz häuslich ein. Sie hatte einige Freundinnen, auch Freunde und auch Bekannte in größerer Zahl, mit denen sie verkehrte. Matze fehlte eigentlich nicht, obwohl er kaum zuhause war.

Er bedauerte zwar, dass er an den Wochenenden viel zu wenig zuhause erledigen könnte, denn das Häuschen brauchte dringendst eine Runderneuerung, aber seine Frau war nicht sehr dafür, dass er viel Geld für Baumaterial ausgab und selbst werkelte. Sie wollte lieber eine Neubauwohnung, denn das mit dem Plumpsklo gleich hinter dem Haus am Bach und auch das fehlende Bad machten ihr zu schaffen, als sie merkte, dass andere mit ihren in der Bezirksstadt ergatterten „Arbeiterschließfächern" im Plattenbau zu prahlen begannen.

Außerdem hatte sie immer Angst vor Hochwasser. Auch wenn es damals schon überall Strom und neuerdings auch fließend Wasser gab, sie also nicht mehr auf den hauseigenen

Uferbrunnen angewiesen war, das mit dem ewig qualmenden Kohleherd in der Küche gefiel ihr auch nicht. Ein Gasherd wäre schon besser gewesen. Da musste dann anfangs eine Elektrokochplatte das meiste überbrücken, bevor das mit dem Gas in die Wege geleitet war.

Als nun das Gerücht ging, dass auch in Dingskirchen das mit dem Wohnungsbauprogramm vom Vater Staat durchgesetzt werden sollte, witterte auch Anja Morgenluft. Sie holte sich beim Wohnungsamt ein Antragsformular auf eine Neubauwohnung, füllte das aus und ließ Matze mit unterschreiben. Dann gab sie das persönlich ab und weil sie ja eigentlich Wohnraum genug hatte, andere aber überhaupt keinen, machte ihr die Sachbearbeiterin keine großen Hoffnungen. Anja fasste sich ein Herz, griff sich einige ihrer Bekannten, die sie auch im Rathaus hatte und ließ sie angeblich nicht eher wieder an ihre Wäsche, ehe sie nicht die feste Zusicherung hatte, ihr bei der Beschaffung einer der neu zu errichtenden Neubauwohnungen zu helfen.

Das hatte auch bei anderen Leuten und schon einmal bei der Beschaffung des großen neuen Fernsehers geklappt, genau so wie bei der Genehmigung für den neuen Gasanschluss und auch als sie einen Wasch-Halbautomaten brauchte, hatte die Anja gewusst, wen sie ansprechen musste. In dieser Beziehung war sie sehr tüchtig. Warum sollte das jetzt nicht auch klappen. Es wurde begonnen in Dingskirchen neu zu bauen und schon der erste Wohnblock hatte ein moderner Plattenbau werden sollen, es waren aber keine Platten übrig und auch das mit dem Kran hatte nicht so richtig funktioniert. Der örtliche Baubetrieb war in die Bresche gesprungen, es hatte sich zwar ein Jahr länger hingezogen, sah auch fast wie ein Plattenbau aus, war aber nach der Methode: Ein Kalk, ein Stein, ein Bier errichtet. Weil auch die geplante Ferndampf-Heiztrasse noch nicht in Reichweite war, wurde dieser Bau zwar noch mittels individueller Kachelöfen beheizt, aber jede Wohnung hatte ein richtiges Bad mit einer emaillierten Gussbadewanne, wenn auch noch mit Kohlebadeofen. Das war schon ein riesiger Fortschritt, vom nun endlich benutzbaren modernen Spülklo ganz zu schweigen, und in der Küche stand ein kombinierter Gas-Kohle-Herd.

Um so eine Wohnung zu kriegen, da lohnte es sich schon, dass man sich mal lang machte, und wenn es sein musste, auch mehrmals. Die Anja war da sehr engagiert. Matze bekam auch tatsächlich eine dieser Wohnungen zugewiesen. Eine in der Mitte, im ersten Stock und sogar vorne raus mit Balkon. Wie das kam, obwohl die Wohnungen zwischen den Mietern doch ausgelost wurden, wussten wohl nur die Anja und der, welcher die Lose gemacht hatte. Matze hielt das aber seinem Glück zugute und dem glücklichen Händchen seiner Frau.

Man zog um, das alte Häuschen am Bach wurde abgerissen, weil nun wirklich der Hausschwamm alles angefressen hatte und auch die Dachkonstruktion verfault war. Das brachte eine Menge Feuerholz für den Kachelofen und half Kohlen sparen.

Es blieb noch das kleine Grundstück als Gärtchen, das wurde bearbeitet, wenn Matze zuhause war und auch Zeit hatte, die Hecken wuchsen in die Höhe und Matze setzte in der Datschenzeit etwas wie eine Holzlaube hinein in das sich trotzdem langsam zur Wildnis auswachsende Wassergrundstückchen am Bach.

Man wohnte damals sehr gern in diesen Neubauten, die der Staat seinen Bürgern zu verordnen begann, aber man hielt auf etwas mehr Abstand mit den Nachbarn als früher. Vielleicht gerade, weil man in diesen hellhörigen Häusern alles mithören konnte, was in den Nachbarwohnungen vorging, was sich früher beim mehr dörflichen Wohnen verbergen ließ. Und eins kam für Matze noch dazu: In jeder der Wohnungen befand sich nämlich eine Telefonsteckdose. Das führte dazu, dass sich alle, die da neu einzogen, auch gleich einen Telefonapparat beschafften.

Sie hatten aber nicht bedacht, dass man außer der Dose und dem Apparat auch eine Telefonnummer zugewiesen bekommen musste, um tatsächlich telefonieren zu können. Telefonanschlüsse waren äußerst knapp, aber Matze bekam einen. Es wurde zwar von Anja behauptet, dass das ein Dienstanschluss wäre, weil Matze doch auch ab und zu Bereitschaftsdienst hatte, aber das war doch ein bisschen zu schnell gegangen. Als sich dann mal einer verwählt hatte, und auf der Nummer, zwar die Möbelfabrik erreichen wollte, in deren Verwaltung Anja arbeitete, aber plötzlich Matze an der Leine hatte, wurde doch etwas gemunkelt. Sie wohnten aber sonst da ganz friedlich.

Das Mädchen wuchs heran, kam in die Schule und ging wohl auch in die Oberschule. Anja war immer noch geschäftig und nun musste es ein Auto sein, nachdem das mit Sesselgarnitur und Schrankwand hatte sein müssen. Das französische Bett war da gut zu passe gekommen und man hatte in der Nachbarschaft auch mitgekriegt, wieso das alles so flutschte, wenn sich Anja etwas in den Kopf setzte. Erst waren sie noch an die Ostsee in Urlaub gefahren, aber später ging das nach Ungarn und auch nach Bulgarien. Da musste man schon mit einigen Wassern gewaschen sein, um das passend hinzukriegen. Das war Anja und Matze genoss das, wie sie das immer alles organisierte. Sie ließ ihm sein täglich Bier und seinen Fußball. Was ihm an Realitätssinn abging, seine Frau besaß da für ihn noch genug mit. Er hatte da wirklich einen guten Griff getan.

Er war dann später nicht mehr so oft auf Montage und wenn es mit Anja in der kleinen Wohnung ab und zu etwas zu eng wurde, dann hatte er noch den Garten. In die Kneipe ging er selten, und dann auch nur zum Skatturnier. Anja meldete sich nun bei einem Theaterring an und fuhr dann ziemlich oft und regelmäßig mit dem Bus in die Bezirksstadt. Geld war bei Matzes immer da. Es war verwunderlich. Als sie dann ein Auto hatten, war es auch gleich ein Wartburg. Matze hatte zwar bei der GST den Lastwagenschein gemacht, aber durch die Herumkutschiererei auf den Baustellen hatte er eigentlich keine richtige Lust mehr aufs Autofahren. Damals ging das los mit den Promille. Bier und Auto fahren passten da plötzlich nicht mehr zusammen. Keinen Alkohol am Steuer hieß es plötzlich (Wie leicht hätte man etwas verschütten können.).

Anja machte deshalb die Fahrschule und hatte in kürzester Frist ihren Führerschein, obwohl die Wartezeit für die Fahrschule manchmal schon ein Jahr dauern konnte. Sie fuhr von da an zum Theaterring immer öfter und dann mit dem Auto. Gearbeitet hatte sie anfangs am Ort in einer kleinen Fabrik als Sekretärin. Als das Kind kam, war sie erst zuhause und als sie dann einen der knappen betrieblichen Kinderkrippenplätze ergattert hatte, nahm sie ihre frühere Arbeit als Halbtagskraft wieder auf. Das war dann auch über die Kindergartenzeit ihrer Tochter und deren erste Schuljahre so weitergegangen. Zum Schluss, als sie dann das Auto besaßen, hatte sie diese Arbeit aber ganz aufgegeben. Da wurde auch gemunkelt, dass sie, nachdem da der Direktor in Rente gegangen war, sie mit dem Neuen nicht zurechtgekommen wäre, und auch etwas von einer abhanden gekommenen Telefonnummer der vier Amtsanschlüsse der Firma sickerte nun durch. Die Leute reden viel.

Anja sagte zwar, dass sie auswärts jetzt eine gute Stelle hätte, aber sie hatte da nicht alle Tage zu tun und es war wohl auch viel Spätschicht dabei und vor allem viele Einsätze an Sonnabenden, und am Sonntag oft auch. Das musste wohl etwas sehr Wichtiges sein, denn sie lief immer wie aus dem Ei gepellt herum, auch zuhause. Matze war schließlich jahrelang auf Montage gefahren und Anja hatte zuhause gesessen. Jetzt saß eben Matze zuhause und Anja war unterwegs.

Ich habe das einmal von jemand anderem erfahren, wie das manchmal lief. Der hatte sich zum Beispiel jahrelang gewundert, was sein Nachbar arbeitete, ein bulliger Typ, der eigentlich nichts gelernt hatte. Der fuhr immer sehr früh im Anzug mit Schlips und Aktentasche mit eigenem Auto, einem Lada, zur Arbeit und kam abends immer ziemlich spät nach Hause. Dann sah er ihn eines Tages und zwar ausgerechnet in Berlin. Da arbeitete der bei der Müllabfuhr und fuhr da so ein großes modernes Müllauto mit dem sie da die Mülltonnen abholten.

Außer dem Lohn, den er für die schwere Arbeit bekam und den Zuschlägen, handelte der wohl auch noch mit dem da anfallenden Schrott, den Pfandflaschen und auch mit Altpapier, wie damals üblich. Und Trinkgeld gab es den Gerüchten nach in Berlin für Müllfahrer auch noch genug.

Dann gab es die Fensterputzer, die in Gebäudereinigungsgesellschaften arbeiteten. Da waren viele studierte Leute drunter. So wie man heute Medizin studiert, um dann Taxi zu fahren, so nahmen sie da bei den Fensterputzern am liebsten Ingenieure. Man verdiente da sehr gut. Der Begriff des „Halbkreisingenieurs" (von der Wischbewegung beim Fensterputzen) hatte wohl daher seinen Ursprung. Die Anja arbeitete aber bestimmt nicht bei der Müllabfuhr und Fenster putzte die auch nicht.

Die Jahre vergingen und plötzlich kam die Wende und brachte viel durcheinander. Matzes Frau wollte nun Weltreisen machen, der Wartburg wurde billig verscheuert und ein gebrauchtes Westauto gekauft. Das Geld langte plötzlich nicht mehr und eines Tages war Matze mit seiner Tochter allein. Die Mutti hatte sich, weil er partout nicht mit wollte, allein auf die Autoräder gemacht und war im goldenen Westen in einer Großstadt auf Arbeitssuche gegangen, weil man da endlich Westgeld verdiente, mit dem sich etwas anfangen ließ. Das hatte geklappt, sie kam anfangs noch ab und zu noch kurz zu Besuch nach Hause, als sie aber alles mitgenommen hatte, was sie Matze nicht da lassen wollte, kam sie nicht mehr.

Matze kaufte sich auf Abzahlung ein gebrauchtes Auto der Kompaktklasse aus dem unteren Preissegment, weil er nur noch auf Zeitarbeit oder besser, Kurzarbeit, gesetzt war und es sich abzeichnete, dass wohl nicht alle von dem neuen Konzern der Energieversorgung gebraucht würden. Er brauchte aber diesen fahrbaren Untersatz, denn die Firma verlangte, dass er jetzt selbst dahin fuhr, wo man ihn hinschickte. Das Kilometergeld bekam er wieder, aber das war auch alles. Flexibilität war plötzlich Trumpf, und da er in der Schadensbeseitigung bei Havarien im Starkstrombereich arbeitete, half ihm der Bus- und Bahnfahrplan wenig.

Er hatte manchmal zu viel Zeit, wenn er auf den nächsten Einsatz wartete. Man rief ihn immer seltener. Matze saß also vor diesem Telefon, von dem er nicht ahnte, wessen Abschiedsgeschenk an seine Frau das war, und wartete, dass man ihn zur Arbeit bestellte. Das hatte sonst immer viel geklingelt, als Anja noch da war und Matze auf Montage. Nun war sie fort und man rief sie hier nicht mehr an. Auch sie rief nicht an, und als Matze sie unter ihrer neuen Nummer anrief, hatte er da eine Vermittlung erwischt, die mit ihm einen Termin ausmachen wollte. Die Telefonnummer hatte er zufällig auf einer Visitenkarte Anjas entdeckt, die ihr zuhause aus der Tasche gefallen sein musste, als sie das letzte Mal da war. Gegeben hatte sie ihm die Karte jedenfalls nicht. Die Zeit verging, das Töchterchen beendete die Schule, wollte trotz Abitur nicht studieren, bekam aber andererseits auch keine Lehrstelle. Ganz gleich, wo sie sich auch meldete, überall wurden nur Leute entlassen, die volkseigenen Betriebe warteten auf die Privatisierung und die Handwerker hatten keine Arbeit, weil niemand Geld für sie übrig hatte. Sie hatte sich fast in die Rolle der Hausfrau eingearbeitet. Das hatte sich einfach so ergeben. Sie sagte Matze, was zu erledigen und einzukaufen war und hielt ansonsten die Wohnung sauber. Sie war da sehr selbständig. Wäsche waschen und Knöpfe annähen, das konnte Matze schon. Die Jahre, in denen Mutti meist auf Achse war, hatten sich ausgezahlt. Das war aber nicht das, was man auf Dauer als Zukunft betrachtet. Da kam dann eines Tages Mutti angereist, mit einem großen Schiff von einem älteren Mercedes, so einem richtigen Kohlenkasten, und nahm ihr Töchterchen mit, gleich mit allem Sack und Pack.

Ich hatte das mitbekommen, als sie dieses letzte Mal in Dingskirchen aufgetaucht war. Jedenfalls hatte ich sie aus ihrem Schiff aussteigen sehen. Klein, sehr grazil und schlank wie immer, sehr zerbrechlich, dezent gestylt, mit High-Heels und hochgestecktem Haar und das Kostüm wie frisch gebügelt. Man hätte sie von hinten für ein Schulmädchen halten können und auch im Gesicht sah man ihr nicht an, dass sie schon an die Vierzig war. Ein zähes ehrgeiziges und erfolgreiches Luder eben. Als sie im Rathaus verschwunden war, ging ich hin und sah mir das Auto an. Da klebte innen am Armaturenbrett etwas wie ein Zahnrad mit einem dem Hakenkreuz ähnlichen Runen-Symbol. Über der Lehne des Beifahrersitzes hing zwar ein schickes Damenjäckchen, aber auf dem Rücksitz lag ein großer, schon ziemlich abgebrauchter Baseballschläger und da lag auch eine Herrenledermütze mit Schirm.

Man hätte gedacht, dass das Auto eher von einem dieser muskelbepackten tätowierten und schnauzbärtigen Lederjackentypen gefahren würde, wie sie jetzt auf diesen Harley Davidson herumfahren, als von einer Frau. Mit der Tarnung konnte sie das wohl überall abstellen, ohne dass einer sich dran vergriffen hätte. Die hatte bestimmt Erfahrungen im Westen gesammelt. Auch die Frauen lästerten hinter der vorgehaltenen Hand und zerrissen sich auch manchmal ziemlich deutlich das Maul darüber, dass sie Drüben wohl im ÖPNV arbeiten würde. Betreffs Personennahverkehrs wäre die sowieso auch schon früher sehr zielstrebig gewesen, nur dass sie es jetzt im Westen wohl auch öffentlich mache.

Jetzt war Matze wirklich alleine. Er verlor nun sogar noch seine Arbeitsstelle und bezog erst einmal Arbeitslosengeld. Das wurde immer weniger und langte weder vorne noch hinten. Nicht, dass er es versoffen hätte. Dafür langte es allemal, aber die Miete ging plötzlich in die Höhe und der Strompreis auch. Gas wurde teurer und dann erst das Wasser. Eine Badewanne voll war schon teuer, aber erst das Abwasser. Sein ganzes Leben lang hatte sich jemand um Matze gekümmert und jetzt hatte er niemand mehr. Er verlor die Übersicht und gleich geriet eine Menge durcheinander.

Er kam mit der Miete in Rückstand. Es gab dann eine Räumungsklage, aber dann stellte sich heraus, dass das Obdachlosenasyl schon voll war. Die Stadt war verpflichtet, ihn unterzubringen und weil sich dabei ergab, dass es egal wäre, ob er in seiner Wohnung bliebe oder ins Obdachlosenheim käme, weil auch die Wohnung der Stadt gehörte, ließ man ihn da wohnen. Da verrottete sie wenigstens nicht im Leerstand. Nachmieter hätten sich kaum gefunden. Matze hatte wieder einmal Glück gehabt. Es war aber nichts gebessert. Matze konnte sich sein Auto nicht mehr leisten, meldete es bei der

Zulassungsstelle und bei der Versicherung ab. Er brauchte es nicht mehr. Verkaufen wollte er es erst nicht, und dann, als er es loswerden wollte, nahm es nicht mal der Autohändler mehr in Provision. Verschrotten kostet Geld. So stand es auf dem Parkplatz vorm Haus, und weil niemand damit fuhr, begann das Unkraut darum herum zu wachsen, wie die Rosenhecke um Dornröschens Schloss. Die Reifen wurden platt und auch sonst staubte es ein. Matze ging nicht mehr so oft aus dem Haus.

Eines Tages hatte er es satt. Nachdem er in seinen vier Wänden ordentlich einen zur Brust genommen hatte, fühlte er sich mutig genug. Er stieg auf den Gemeinschafts-Dachboden, schnitt sich mit seinem Taschenmesser ein Stück von der da seit Jahren ungenutzt noch hängenden Wäscheleine ab und ging damit wieder zurück in seine Wohnung. Dort versuchte er dann einen Abschiedsbrief zu schreiben, was nicht so richtig klappen wollte, weil er eigentlich nicht wusste, an wen er ihn richten sollte. Als er noch mehr Treibstoff getankt hatte, ging es schon besser, dann sah er aber schon bald nichts mehr, weil es schon duster zu werden begann und er rang sich dazu durch, dass Abschiedsbrief schreiben nichts für ihn wäre. Es war derweil üblich geworden, dass jeder davon durchdrungen war, unbedingt „ein Zeichen zu setzen", Matze auch. Der Moment war günstig. Matze ließ das Schreiben sein, machte in die Wäscheleine eine Schlinge mit einem Knoten und hängte sich die Schlinge um den Hals. Dann ging er auf den Balkon und versuchte das andere Ende der Wäscheleine am Balkongeländer anzuknoten, was trotz mehrfacher Versuche heute einfach nicht gelingen wollte.

Ein paar Halbwüchsige, die da unten vor dem Haus bei einem Sixpack herumlungerten, weil das sozialistische Jugendleben mit der Wende auch zusammengebrochen war, riefen ihm irgendetwas zu und machten wohl auch Witze über ihn, aber weil er abgelenkt war, antwortete er ihnen kaum. Da hätte Matze es beinahe gepackt gehabt, das mit dem Knoten. Er wollte gerade über das Balkongeländer springen, da knickte das plötzlich ab. Es war durchgerostet und es hatte nur noch dieses einen Schubses bedurft.

Matze sauste in die Tiefe, landete mit den Beinen voran auf dem Dach seines da direkt unter dem Balkon auf seinem Abstellplatz stehenden abgemeldeten Autos, und als ihm das an seiner Wäscheleine hängende schwere Balkongeländer nachflog und er es anschließend ins Kreuz kriegte, brach Matze auch noch durch das Dach seiner Rostlaube. Er saß da festgeklemmt wie der Korken in der Flasche und hatte wohl nicht mehr ganz mitgekriegt, was ihm passiert war.

Zum Glück saßen da die Kids mit ihren Handys vorm Haus. Die hatten allerdings das meiste davon gesehen und riefen gleich die Rettungsstelle an. Matze wurde auch sofort mit der dringlichen medizinischen Hilfe, Sirene und Blaulicht ins Krankenhaus gebracht, nachdem ihm der Notarzt erste Hilfe geleistet, und ihn die Feuerwehr aus dem Auto gezerrt hatte, was nun endlich wirklich schrottreif war. Matze hatte sich umbringen wollen und es hatte nicht geklappt. Er hatte sich beide Beine gebrochen und das Kreuz verrenkt. Die Prellungen fielen nicht ins Gewicht. Nach ein paar Tagen lächelte er schon wieder recht tapfer aus seinem Gips. Das Leben ging weiter. Matze hatte eben immer Glück ... wie die Leute sagten, und das war seine eigentliche Tragik.

Was unplanbar ist

(Etwas Wirtschaftsfolklore)

Wie die Wirtschaftsführung der DDR dem lieben Gott ins Handwerk zu pfuschen versuchte und warum das mit Religion trotzdem nichts zu tun hatte, das möchte ich Ihnen hier erzählen.

Es wurde nämlich von einem kleinen volkseigenen Betrieb dem übergeordneten Organ eines Tages in den Siebzigern unterstellt, nicht beeinflussbare, also objektive Faktoren des dem Menschen nicht zugänglichen Naturbereiches dem Betrieb als gesetzliche Planauflage vorgegeben zu haben. Im vorliegenden Fall handelte es sich nach Aussage der Betroffenen darum, dass ein Betrieb als Planbasis eine jährlich ständig wachsende Anzahl von Tagen mit warmem Sommerwetter und zugehörigem Sonnenschein befohlen bekam.

Einfach ausgedrückt, der Plan war auf schönem Wetter aufgebaut und das konnten selbst das Politbüro oder das ZK der Partei nicht befehlen. Auch der Klassenfeind war dazu noch nicht imstande. Das Wetter entzog sich generell der Beeinflussung, aber man gab es unbewusst als Planbasis vor.

Das waren die Argumente zur Ablehnung einer staatlichen Planvorgabe, wo doch der Plan in der DDR Gesetz war. Ungeheuerlich. Man konnte sich zwar leisten, den Plan nicht zu erfüllen, aber doch nicht schon vorher dagegen rebellieren. Die Partei lehrte schließlich: *„Wo ein Wille ist, da ist auch ein Weg, und wo keiner ist, da ist auch einer…"*

Ehe da etwas unternommen wird, schaut man sich normalerweise trotz aller diktatorischen Möglichkeiten zur Durchsetzung des Willens der Arbeiterklasse in Form der Befehlsausgabe zur Planerfüllung den Beschwerdeführer besser nochmals genau an und prüft, ob da nicht eventuell der Klassenfeind die Finger mit im Spiel hat, oder vielleicht einer im Übereifer zufällig etwas verbockt hat, auch wenn er das gar nicht beabsichtigt hatte.

Geschäftsbriefe waren auch in der DDR höflich, wenn auch oft sehr nüchtern verfasst. In diesem Fall hatte aber der Formulierungsteufel die eigentliche Information unlesbar verschlüsselt, oder die vorgesetzte Stelle fühlte sich nur belästigt. Sei es wie es sei. Die Beschwerde wurde von oben abschlägig beschieden und der Plan somit zu Gesetz.

Es ging da um die Planauflage für eine kleine Fabrik, die Buchbindergraupappe herstellte. Daraus entstehen derbe Pappschachteln, Postkartons und auch feste Bucheinbände. Manchmal auch Leder-Brandsohlen für Schuhe, und was man sonst so aus Pappe macht. Daran hing zwar nicht das Wohl und Wehe der gesamten DDR und auch nicht die Erreichung des Endzieles Sozialismus, aber wenn es nicht ausreichend davon gab, dann fehlte sie anderen, die damit ihren Plan erfüllten, weil sie diese Pappe weiterverarbeiteten.

So eine Pappe wird aus der Butte als Faserbrei, bestehend aus Wasser, Holzschliff, Zellulose, Leim und entfärbter Altpapiermaische mittels eines Rundsiebes maschinell geschöpft, anschließend gepresst und auf eine heiße metallene Trockentrommel zum Trocknen übergeleitet. Ist die Pappe trocken, wird sie in der Größe von B 0 Rohformat, so etwas über 1 Meter mal 1,5 Meter gestapelt, mit Bandeisen auf EURO-Palette verpackt und so palettenweise verkauft.

Das lief so hundert Jahre gut. Im Winter machte man das genau wie beschrieben, aber im Sommer wurde die Feuerung für den Kessel eingespart, mit dem der Dampf für die Trockentrommel zur Trocknung der Pappe erzeugt wurde. Ursprünglich wurde im Winter überhaupt nicht produziert, weil es diese Trockentrommel noch nicht gab. Da erstreckte sich nämlich hinter der Fabrik ein schönes großes Freigelände mit Gestellen, auf denen die geschöpfte und gegautschte (gepresste) Pappe bei Sonnenschein und mildem Sommerwind von alleine trocken wurde. Wenn die Sonne schien, sah der ganze Wiesenhang hinter der Fabrik aus, als habe da eine ganze Kleinstadt ihre leinenen Betttücher auf der Bleiche liegen. Die Formel war einfach und lautete: Schöner Sommer, billige Pappe. Verregneter Sommer, teure Pappe, dieweil man Kohle zu ihrer Trocknung verfeuern musste.

Als die Fabrik in der Kaiserzeit noch privat war, machte das der Inhaber noch anders. Pappe wurde nur erzeugt, wenn schönes Wetter erwartet wurde und bei einem sehr verregneten Sommer wurde nur so viel erzeugt, dass die Inhaber überleben konnten. Die beheizte Trockentrommel hatte es noch nicht gegeben und damit im Winter auch keine Pappenproduktion. Die Arbeitskräfte waren seit Eh und Je die Frauen der Häusler aus dem Dorf und die konnte man sich bestellen, wenn und auch wann man sie brauchte. Regnete es, blieben die zuhause. Die Hauptarbeit bestand im Herumschleppen der zu trocknenden Pappe, bis sie verpackt war. Das lernte sich schnell.

Nun betritt die Ökonomie die Bühne, hier die des Sozialismus. Sie forderte zuerst eine kontinuierliche Auslastung der Papiermaschine, möglichst in Schichten, einen stabil planbaren Standardpreis für den Bezug der Pappe durch den Großhandel und vor allem den kontinuierlichen Ausstoß einer bestimmten Menge Pappe pro Zeiteinheit. Ein uraltes Rezept schon aus den Zeiten vor Marx. Da lief das mit dem Sozialismus natürlich auch nicht anders, weil doch die Arbeitsproduktivität in allen am Geld orientierten Gesellschaften nun einmal in letzter Instanz alles entscheidet, wie auch Lenin das nur nachplappern konnte.

Außerdem stellt anscheinend niemand solche Pappe her, denn sie geht zu großen Teilen in Export, und zwar in den Westen. Es ist Bütten-Pappe, etwas, was sich nicht verzieht, weil es keine sogenannte Laufrichtung hat, und das brauchen vor allem die Handbuchbinder für ihre exquisiten Erzeugnisse, als da sind Einbanddeckel für Privatbibliotheken westlicher Großkopfeter und Millionäre. Man erweiterte also die Produktion schon in den Dreißigern, indem man eine Trockentrommel an die Maschine anbaute und die mittels Dampf beheizte. Es wurde sogar gemunkelt, dass damals dieser Kessel und die Trockentrommel auch nur deshalb so schnell angebaut wurden, weil die Pappenerzeugung unter kriegswirtschaftlich wichtig eingestuft war. Irgendeine Quetsche stanzte daraus nämlich irgendwelche unentbehrlichen Dichtungsringe und Pappdeckel für ein militärisches Wasweißichwas.

Um den Dampf zu erzeugen braucht es einen Heizkessel und der gibt nur Dampf ab, wenn er mittels Kohle befeuert wird. Die Zeit vergeht. Die Russen kommen und sie bleiben. Es gibt plötzlich die DDR. Die muss sich nach der Decke strecken und kommt eigentlich erst nach dem Mauerbau richtig auf die Beine. Das ist mit Planwirtschaft verbunden. Aber erst nach Jahren, als man endlich glaubte die Zügel etwas straffer anziehen zu dürfen, weil das mit dem Sozialismusaufbau endlich alle begriffen hätten, wollte der Herr Mittag im Auftrag des Staates und seiner staatstragenden Partei plötzlich nicht nur Menge und Devisen, sondern auch Gewinn sehen.

Kostensenkung wird verordnet, und zwar jedes Jahr mehr. Da hat sich seltsamerweise mit der Wende nichts geändert. Die neuen Manager wollen das auch so haben. Damals kam aber die auch den Sozialismus nicht verschonende Energiekrise mit ins Spiel und mit ihr die Kürzung der Zuteilungsmenge an Kohle für die Fabrik.

Der Technische Direktor rechnet scharf nach und stellt fest, dass nach einem Jahr mit einem wirklichen Jahrhundertsommer in der Planvorgabe für das nächste Jahr durch die Kürzung der Kohlezuteilung schon wieder zwölf Tage mehr Sommersonnenschein befohlen waren. Es hatte aber im letzten Sommer überhaupt nicht geregnet. Wo also noch zwölf Tage mehr Sonnenschein zusätzlich herbekommen.

Anruf bei der zuständigen Stelle: „Seit wann pfuscht ihr Idioten dem lieben Gott ins Handwerk?"

Antwort: „So nicht Genosse, und damit du es lernst, wenn du wirklich einen Einspruch einlegen willst, dann nur schriftlich, und wehe du kannst das nicht begründen."

Hier half dann alles nichts. Die Fronten waren verhärtet. Der Betrieb führte von da an ein Schönwetter-Fahrtenbuch, welches von der nächstgelegenen Wetterwarte gegenzuzeichnen war. Am Jahresende wurde zwar noch etwas gefeilscht, aber als feststand, dass man zwischen zwei Gewittern im Abstand von sechs Stunden auf einer nassen Wiese beim besten Willen keine Pappe trocknen könnte, gab dann die vorgesetzte Stelle endlich nach. Der Plan wurde nachträglich dem Ist so weit es ging angeglichen. Das Geld für die zusätzlich verfeuerte Kohle wurde genehmigt, obwohl das den Gewinn schmälerte. Es ging schließlich um die Zahlung der Jahresendprämie für die Belegschaft, die verdeckte Zahlung eines dreizehnten Monatsgehaltes oder Monatslohnes, den sich der Bürger schon damals nicht mehr wegnehmen ließ.

Eingaben sind schnell geschrieben, aber die Bearbeitung dauert meist und wenn es sich um die Interessen der werktätigen Masse handelt, die dann eventuell androht, beim nächsten Mal nicht zur Wahl gehen zu wollen, da ist es allemal besser, das Problem vorher zu bereinigen ehe es hochkocht. Wenn so eine kleine Pappenfabrik das industrielle Rückgrat für ein ganzes Dorf der Region darstellt, dann ist das bei aller statistischen volkswirtschaftlichen Nebensächlichkeit im Zentrum des Geschehens doch irgendwie entscheidend für das gesellschaftliche Bewusstsein der dort Wohnenden.

Der Staat und mit ihm die Partei hatten ein Einsehen. Es wurde zwar noch versucht, mit weniger Leuten auszukommen und doch noch mehr Pappe zu erzeugen, aber es blieb Flickwerk. Für die generelle Modernisierung gab es kein Geld. Die DDR half zwar den Entwicklungsländern beim Aufbau ihrer Wirtschaft, aber sie nahm dazu die Wolle des Fells ihrer eigenen Schafe, um denen im Ausland Pullover daraus zu stricken. Da blieb für die eigenen Belange zu wenig übrig.

Mit der Wende stellte sich die ganze Unrentabilität der veralteten Produktionstechnologie erst richtig heraus. Die Löhne waren plötzlich zu hoch, die Valuta-Umrechnung war mit Einführung der D-Mark weggefallen. Für das Geld, was die Pappe nun kostete, schöpften es die Japaner nun lieber selber und die Handbuchbinder halfen sich von da an mit Sachen, die sie anderswo her hatten, mit etwas, was billiger war. Wenn etwas zu teuer wird, dann nützt auch der Hinweis auf die Qualität nichts mehr. Die Treuhand saß auf dieser Bude wie auf saurem Bier und man verfügte die Stillegung. Die Geschichte der Pappenfabrik wendete sich ins märchenhafte und Märchen beginnen bekanntlich mit den Worten: „Es war einmal…" Die Beschäftigten gingen über die Kurzarbeit Null in die Arbeitslosigkeit oder in den Vorruhestand. Man hat später noch einige bei Umschulungen gesehen. Ganz Hartnäckige erkämpften sich eine zeitweise ABM, um dann auch aufzugeben. Das Gebäude verfiel. Eine Firma holte sich den Schrott. Erst wuchsen Brennnesseln auf dem Betriebsgelände, später

Birken, was eben so durch den Wind an Samen angeweht wurde. Die Vögel brüten dort. Man will nachts schon ab und zu den Wachtelkönig rufen gehört haben. Durch einen Zufall kam heraus, dass jetzt dort besondere Vegetationsbedingungen herrschen. Das Betriebsgelände ist neuerdings als Standort für das Vorkommen von Leberblümchen ausgewiesen. Ein Umweltpraktikant, der bei der Gemeindeverwaltung kurzzeitig angestellt war, will sogar von einer besonders seltenen Sorte Gras festgestellt haben, dass sie dort auf diesem Grundstück wächst. Man hat daraufhin das Gelände mit einem festen Maschendrahtzaun gesichert, damit die Ziege der letzten Anwohnerin das nicht frisst. Der Schaden an der Umwelt wäre nicht zu verantworten ...

Ich wage mir gar nicht auszumalen, was man wohl dort alles noch an seltener Flora und Fauna auffinden könnte, falls es einen Antrag auf irgendwelche industrielle Nachnutzung oder zumindest Neubebauung des Grundstücks gäbe und vorher ein Umweltgutachten dazu erstellt werden müsste.

Jemand, der nicht will, dass das mit der Industrie im Dorf alles für immer vergessen wird, hat neulich im Namen des Ortschaftsrates in der Zeitung inseriert, dass er daran interessiert wäre, Erinnerungsstücke, Fotos und Dokumente, Geschichten und Werkzeuge der Pappenmacher zu bekommen. Die Gemeindeverwaltung hat ein ehemaliges Traditionszimmer für Ausstellungszwecke zur Verfügung gestellt. Vielleicht wird es einmal etwas wie ein Heimatmuseum, welches dann Touristen aus Amerika oder Japan besuchen kommen. Eine Web-Seite im Internet soll dafür schon angelegt sein.

Man konnte das alles nichtvorausahnen und noch viel weniger planen. Es wird schon werden. Die Sonne scheint Lange wird es nicht mehr dauern und die Fledermäuse besetzen das Gelände. - Es geht uns gut...

Mangelwirtschaft

*(Eine alte DDR-Geschichte von nicht
zu vernachlässigender Brisanz)*

„Die Ideologie wird zur materiellen Gewalt, sobald sie die
Massen ergreift." Marx oder Lenin. Suchen Sie die Quelle
bitte selbst. Der Inhalt ist wichtig, nicht der, welcher es sagte.
Manchmal entwickelt sich allerdings etwas, was überhaupt
nicht ausgedacht wurde und wenn es die Massen ergreift, dann
kann man kaum noch etwas dagegen tun. Dann wirkt das
naturgesetzlich. Ich möchte da das Ding mit den Kaufgewohnheiten der DDR-Bürger nennen. Wir wohnten, wie nun
hinlänglich bekannt, in Dingskirchen. Alle, die in den umliegenden Dörfern wohnten, kamen nach Dingskirchen zum
Einkaufen, weil sie nicht zu Unrecht annahmen, da mehr
Auswahl zu haben als in ihrem Dorfkonsum. Die Dingskirchener kauften wichtige Sachen auch nicht zuhause, sondern
in der Kreisstadt. Die Leute in der Kreisstadt fuhren zum
Einkaufen in die Bezirksstadt. Wer auf Nummer Sicher gehen
wollte, fuhr sofort nach Berlin. Ohne sich das gezielt so vor-
zunehmen, macht man das ganz instinktmäßig auch, nachdem
man es mitbekommen hat. Der DDR-Bürger machte das so,
um sein Gesicht zu wahren. Kaufte man vor Ort beispielsweise einen Sessel im Möbelladen, dann erfuhr man bestimmt,
dass schon der und der oder die und die da drin „Probe gesses-
sen" hatten. Auch wenn er neu war, er wirkte nun wie gebraucht. Dagegen können Sie nichts machen. Der moralische
Verschleiß einer Sache ist ein unberechenbarer Faktor. Leider
eine sehr wichtige Sache und deshalb nicht zu vernachlässigen.
Das konnte einem mit allem so gehen. Bäckerbrot ist auch

deshalb so begehrt, weil man da sicher sein kann, dass es noch nicht schon mehrfach von anderen Kunden begrapscht ist, wie das im Konsum oder jetzt im Supermarkt geschieht. Da kann es schmecken wie es will. Wenn ich bei diesen Kaufgewohnheiten und der Warenstreuung des volkseigenen Handels etwas ganz bestimmt haben wollte oder haben musste, fuhr auch ich nach Berlin. Dort gab es manchmal sogar Bananen, wenn Berlin gerade an diesem Tag welche angeliefert bekam und die Studenten der FU Westberlin sie nicht schon über den kleinen Grenzverkehr für sich abgegriffen hatten, weil es sich für sie bei einem Wechselkurs von 1 zu 4 und knappem Bafög im Osten billiger einkaufen ließ, als im Westteil Berlins. Ich komme also von einer gut geplanten Dienstreise aus Berlin zurück, deren Hauptzweck eigentlich nur dienstlich verschleiert war. Nun hatte ich eine Menge Mangelware eingesackt, aber eben nicht alles. „Entschuldige bitte", sage ich zu meiner Frau, „ich war mit der Zeit knapp dran, aber in dem einzigen Schuhladen, in den ich am Ende noch war, hatten sie keine braune Schuhkrem mehr. Ich wollte auch deswegen nicht den Zug verpassen. Das hat wohl noch bis morgen Zeit." Es war auch der unwichtigste Posten auf meiner Liste gewesen. „Mein Mann war gestern in Berlin", vertraute meine bessere Hälfte am nächsten Morgen auf direkte Befragung der Nachbarin mit. „Da hatten sie nicht mal braune Schuhkrem." Am Nachmittag verlange ich braune Schuhkrem im Konsum. Sie war gerade ausverkauft. Am nächsten Tag erfahre ich gerüchtweise, dass braune Schuhkrem knapp wird. In der darauf folgenden Woche steht fest, dass entweder in der Schuhkremfabrik ein Brand ausgebrochen ist, oder die Importrohstoffe nicht geliefert wurden. Man begibt sich auf die Versorgungsjagd, und daraufhin gab es auch in der Kreisstadt nun keine braune Krem mehr. Nur die, welche gleich in die Bezirksstadt gefahren waren, hatten noch Restbestände aufkaufen können. Es breitete sich immer weiter aus. Selbst aus weit entfernten Gegenden ereilten mich nach einiger Zeit per Diensttelefon private Anfragen nach brauner Schuhkrem. Man hätte glauben können, dass eine Panik drohte, aber der DDR-Bürger war derartiges gewohnt, geriet deswegen nie in Panik, legte sich aber wie immer mit erhöhter Aufmerksamkeit auf die Lauer und wartete ab. Es kamen angeblich Lieferungen, aber die wurden nicht im Laden verkauft. Die teilten sich die Verkäuferinnen wie sonst die Bananen untereinander auf und gaben davon höchstens innerhalb der damals noch sehr umfangreichen Familien oder an gute Freunde und Bekannte etwas ab. Nach drei Monaten kam endlich die erste größere Lieferung, die öffentlich verkauft wurde. Es gab dann pro Tag und pro Person und pro Geschäft nur eine Büchse braune Schuhkrem. Wir waren daraufhin, wie alle Anderen auch, getrennt voneinander zu viert den ganzen Nachmittag unterwegs, um diese Regelung zu unterlaufen. Am Abend hatten wir endlich genug Vorrat. Am nächsten Tag gab es, wie nicht anders zu erwarten, keine Schuhkrem mehr zu kaufen. Das ist in den Siebzigern passiert. Brauchen Sie zufällig braune Schuhkrem? Ich könnte Ihnen welche versorgen. Absolute Qualitätsware, fast noch Friedensware, noch von damals, aus dem kalten Krieg.

Merke: Schwierigkeiten überwindet man gemeinsam und zwar mittels guter Organisation. Und: Äußern Sie als Respektsperson möglichst nichts Unüberlegtes. Man wird Ihnen stets unterstellen das absichtlich gesagt zu haben.

Haben Sie jetzt wenigstens geschmunzelt, oder war Ihnen das zu banal? Erinnern Sie sich bitte an die Situation, als ein Herr Breuer als oberster Boss einer großen Bank in einem unbedachten Moment zufällig etwas geäußert haben soll, woraus man eventuell ableiten konnte, dass die Firma eines

Herrn Kirch nicht auf ganz so stabilen Beinen stünde, wie man das allgemein annehme. Da brach in den Neunzigern schlagartig ein ganzer angeblich marktwirtschaftlich beispielhaft geführter Medienkonzern zusammen. Herr Kirch und Herr Breuer zerren sich seit der Zeit zwar vor Gerichte herum, aber ganz sicher ist es nicht, ob das mal endgültig geklärt wird, was da passiert ist. Diese Pleite hat bestimmt noch mehr Leuten Kopfzerbrechen und nicht nur die gemacht, als man ahnt. Beim „Neuen Markt" begannen auch die Kurse zu fallen, nachdem sich einige Leute verplappert hatten. Sachsen verlor seine Landesbank an Baden-Württemberg, nur weil jemand angeblich „Dummes Zeug" gequatscht haben soll. Was ist denn daran schlimm, wenn sie pleite ist, solange der Bürger noch Vertrauen in ihre Geschäftspraktiken hat.

Und gehen Sie mir weg mit den Gerüchten, die dem Bankenkrach zugrunde lagen oder den Einstufungen der Rating-Agenturen. Woher wollen die denn etwas wissen. Wir haben derzeit nämlich auch wieder eine Mangelwirtschaft, und zwar eine, der es an Vertrauen mangelt. Nicht, dass sie nichts taugt. Das nicht, aber weil da mancher nichts taugt, der sich in eine Spitzenposition gehievt hat, ist das so gefährlich. Man sagt zwar Inkompetenz, aber man sagt nicht, was das bedeutet. Den Unfähigen ist bekanntlich alles zuzutrauen.

Von der DDR hat man auch gesagt, dass sie pleite ist. Solange das nicht nach außen weitergetragen wurde, ist ja auch nichts passiert. Erst als sich die Medien damit zu beschäftigen begannen, das international breitzubringen, gab es den großen Zusammenbruch. Ich habe es neulich wieder einmal ausprobiert. Auf ein kleines Pappschild aus Zeichenkarton habe ich geschrieben: *„Bitte pro Person nur ein Paket entnehmen."* Dieses Schild habe ich in einen Supermarkt mitgenommen und es auf eine Palette mit normalen Kilopackungen mit Mehl gelegt, die da schon mehrere Tage unbemerkt stand. Sie werden es nicht glauben, anschließend gab es kaum einen Kunden, der an der Kasse kein Mehlpaket mit auf das Laufband stellte. Man sollte das „Misstrauensgesellschaft" nennen. Wir werden alle noch zum gelernten DDR-Bürger. Auch wenn niemand mehr weiß, was die DDR einmal war. Unkraut vergeht nicht. *„Vertrauen ist gut, Kontrolle ist besser."* Der Satz ist nun aber wirklich von Lenin ... Und ehe ich es vergesse: Als Werbeidee bietet sich eine solche Art der Verkaufsstrategien direkt an. Jeder glaubt doch, dass er immer zu kurz kommt, und zwar immer bei allen Dingen. Schon die Aussicht, sich anderen gegenüber einen, wenn auch kleinen Vorteil zu verschaffen, das weckt doch den Anreiz. Warum weckt man denn nicht die Gier des Verbrauchers durch entsprechend vorgetäuschte und gezielte Verknappung der Ware. Eine Gesellschaft, die ständig mit Überproduktionskrisen zu kämpfen hat, müsste das doch endlich einmal begreifen. Es könnte doch jeden Tag etwas anderes knapp sein und auch örtlich verschieden. Von Mangel rede ich doch gar nicht. Das mit dem Konsumtourismus der Verbraucher käme sofort in Schwung und auch das mit dem Schlange stehen ist gar nicht so schlimm, weil man sich in so einer Wartegemeinschaft in dieser neuen kalten Gesellschaft auch menschlich näher kommen kann. Auch das ist wichtig. Wozu brauchen wir solche dümmlichen Forderungen wie die nach der Erhöhung der Binnennachfrage. Das versteht doch keiner, was das ist. Wenn erst das gezielte Hamstern los geht, dann haben wir es geschafft. Dann haben wir gewonnen. Konsum ist das Entscheidende. Wir wollen doch alle den Aufschwung. An einem Abschwung ist niemand etwas gelegen. Wozu hätten wir denn sonst damals das mit dem Umschwung provoziert?

Georg Naundorfer
Die Arglosen in Ägypten
ISBN 978-3-8370-3784-5
Impressionen einer Reise
mit wirklich allen Schikanen

Georg Naundorfer
Die hausbackene Diktatur
ISBN 978-3-8391-1430-8
Von politischen und anderen Schelmenstücken
Ein essayistischer Langzeitreport

Georg Naundorfer
Selbstverwirklichung mit Mann
ISBN 978-3-8370-9456-5
Der ultimative praktische Ratgeber für die moderne Frau
Satire

Georg Naundorfer
Der Mann, der Judas Iskariot war
ISBN 978-3-8370-3487-5
Eine hochspekulative Ermittlung auf den Spuren
des Jesusjüngers Johannes

*

Weitere Bücher Georg Naundorfers im Buchhandel
Außerdem unter

www.georg-naundorfer.de
und im Internetbuchhandel